Ein weites Herz gewinnen

Benedikt Müntnich

Ein weites Herz gewinnen

Geistlich leben nach der Regel des heiligen Benedikt

Matthias-Grünewald-Verlag Mainz

verlags gruppe engagement

Der Matthias-Grünewald-Verlag ist Mitglied
der Verlagsgruppe engagement

Bibliografische Information Der Deutschen Bibliothek

Die Deutsche Bibliothek verzeichnet diese Publikation in der Deutschen Nationalbibliografie; detaillierte bibliografische Daten sind im Internet über http://dnb.ddb.de abrufbar.

Umschlag: Harun Kloppe, Mainz; unter Verwendung der Buchmalerei KK 4333 St. Benedikt überreicht Abt Johannes die Regel
Satz: Jörg Eckart · dtp studio mainz
Druck und Bindung: Pustet, Regensburg

ISBN 3-7867-2514-4

Inhalt

Vorwort

Die hier vorliegenden Ausführungen zum geistlichen Leben wurden ursprünglich als Vorträge vor Schwestern und Brüdern in benediktinischen Klöstern gehalten. Sie wurden leicht überarbeitet in Hinblick auf eine breitere Leserschaft. Zunächst war ich unsicher, ob eine Veröffentlichung in Buchform sinnvoll sei. Doch gaben Anstöße von außen schließlich den Ausschlag.

Die Mönchsregel des heiligen Benedikt von Nursia (480–550) kann als geistlicher Klassiker bezeichnet werden. Von jeher war sie nicht nur für Klosterleute inspirativ, und auch heute können Menschen, die als Christen in Familie und Beruf leben, von ihr Hilfe empfangen, wie sie das Evangelium im Alltag leben können. Vielleicht sind es in dieser Beziehung nicht so sehr ihre konkreten Weisungen, als vielmehr ihre ungebrochene Kraft, anzuregen und nachdenklich zu machen auf Gott und auf die Mitmenschen hin. So ist es mir selber ergangen, und daraus entstanden auch diese Aufzeichnungen. Als Beispiel führe ich das Bild von der Weite des Herzens an, das Benedikt gebraucht, und das mich seit langem fasziniert und in mir den Wunsch wach hält, selber mehr und mehr ein Mensch zu werden, in dem die Kraft des Herzens lebendig ist. Dies wünsche ich auch allen Leserinnen und Lesern.

Abt Benedikt Müntnich OSB
Maria Laach, Mai 2004

Hören

„Höre!“ ist das erste Wort der Benediktsregel. Es steht ganz pointiert da, als Appell. Das letzte Wort der Regel lautet: „Du wirst erreichen.“ Damit ist klar, dass das Hören zu etwas führen soll und dass es sich lohnt. An anderer Stelle sagt Benedikt es ganz klar und deutlich: Es geht darum, die „Stimme des Herrn zu hören, der uns einlädt. In seiner Güte zeigt er uns den Weg zum Leben“ (RB Prol 19f.). Hören sollen wir, um zu einem Leben in Fülle (vgl. Joh 10,10) zu gelangen, zu einem erfüllten Leben hier, auf dieser Erde, und einst in der Vollendung, bei ihm, dem Herrn, im ewigen Leben.

Vom richtigen Hören hängt für Benedikt viel ab; man kann sagen, alles hängt davon ab. Einige Beispiele:
Wer hört, der kehrt zu Gott zurück, den er verlassen oder verloren hat;
wer hört, dessen Herz wird nicht hart, sondern weit;
wer hört, der vernimmt mitten im Alltag immer wieder die wegweisende Stimme Gottes;
wer hört, der wird in der Lage sein, auf seine Mitmenschen einzugehen und ihnen gerecht zu werden;
mit ihnen zusammen geht er Gott entgegen.

Richtig hören ist aber gar nicht so selbstverständlich. Ein Blick ins Evangelium zeigt das: „Habt ihr denn keine Augen, um zu sehen, und keine Ohren, um zu hören?“ (Mk 8,18). Weil richtig hören so schwer ist, beginnt Benedikt seine Regel mit dem Appell: „Höre!“ Das heißt: Du kannst noch gar nicht richtig hören. Du musst es erst noch lernen. Und es lohnt sich, richtig hören zu lernen, weil du erst dann wirklich lebst; denn durch das Hören gelangst du in Beziehung zu Gott und zu deinen Mitmenschen. Der Glaube kommt vom Hören, heißt es beim Apostel Paulus (vgl. Röm 10,17), und im gemeinsamen Hören auf den Geist entsteht und wächst Gemeinschaft. Benedikt will sagen: Du musst ganz Ohr sein für Gott. Er hat für dich Worte des Lebens. Er zeigt dir, worauf es wirklich ankommt. Und auf deine Mitmenschen musst du hören, und sie auf dich; denn nur gemeinsam gelangt ihr ans Ziel des Lebens. Einer braucht den andern; keiner hat für sich alles. Darum muss einer dem andern sagen, worauf es ankommt. Und gemeinsam sollen alle auf Gott hören: „Wer Ohren hat zu hören, der höre, was der Geist den Gemeinden sagt!" (Offb 2,7). Denn gemeinsam hört man besser als für sich allein, und gemeinsam will Gottes Geist uns ansprechen und zur Kirche auferbauen.

Es lohnt sich, noch etwas bei dem Bild zu verweilen, das Benedikt am Anfang seiner Regel vom Hören gebraucht: „Höre, neig das Ohr deines Herzens, und erfülle durch die Tat!" (RB Prol 1). Das Bild drückt zum einen ein ganz intensives Hören aus; zum andern verbindet es Innerlichkeit und Aktivität. Es erinnert, so wie es dort gebraucht wird, an bestimmte Stellen im Evangelium. An die Szene von Maria und Marta: „Maria setzte sich dem Herrn zu Füßen und hörte seinen Worten zu" (Lk 10,39). Die Jungfrau Maria sagt bei der Verkündigung zu dem Engel: „Mir geschehe, wie du es gesagt hast" (Lk 1,38). Von ihr heißt es etwas später im Evangelium: „Maria aber bewahrte all diese Worte und bewegte sie in ihrem Herzen" (Lk 2,19). Schließlich sagt Jesus von den Menschen, die für Gottes Wort offen sind: „Selig sind, die das Wort Gottes hören und es befolgen" (Lk 11,28).

Bei all diesen Stellen geht es um ein unbedingtes Geöffnetsein für Gott. Maria, die Schwester des Lazarus und der Marta, die sich Jesus zu Füßen setzt, verkörpert die Haltung der Schülerin gegenüber dem Lehrer. Sie weiß, was Jesus sagt, ist jetzt wichtiger als alles andere: „Du hast Worte des ewigen Lebens“ (Joh 6,68). Die Jungfrau Maria drückt ihre Verfügbarkeit gegenüber dem Wort Gottes aus. Sie sagt: Ich will mich in jeder Beziehung auf das einlassen, was du mit mir vorhast. Außerdem zeigt sie, wie wir mit dem Wort Gottes umgehen müssen: Wir müssen es bewahren, das heißt ihm in Ehrfurcht und Liebe begegnen, und es im Herzen meditieren. Es soll nicht nur unser äußeres Ohr erreichen, sondern noch viel mehr *„das Ohr des Herzens“*; es soll uns im Inneren treffen und verwandeln; wir sollen durch es andere, neue Menschen werden, Menschen, die dem Wort entsprechend leben und handeln.

Das Wort, das Jesus seinen Zuhörern und Zuhörerinnen sagt, fasst dies alles zusammen und führt es noch weiter. Es spricht vom Glück des Hörens, von der Freude über das Gotteswort, das das ganze Leben verwandelt und bereichert. Gleichzeitig nennt Jesus eine unerlässliche Konsequenz des Hörens: Es muss zum Handeln führen, ansonsten ist es wertlos und kann auch nicht glücklich machen. Durch Gottes Wort froh werden kann nur, wer es hört und befolgt. Auf diese Weise wird es zum tragenden Grund unseres Lebens, es bestimmt unser Verhalten in jeder Beziehung, in wichtigen Entscheidungssituationen, aber auch in den kleinen Dingen des Alltags.

Man kann auch sagen, das Hören wird zum Ge-horchen. Das ist sozusagen die intensivste Form des Hörens, die von einer leidenschaftlichen Liebe zu Gott erfüllt ist.

An Jesus selbst lässt sich das am besten erklären. Er antwortet dem Versucher in der Wüste: „Der Mensch lebt nicht nur von Brot, sondern von jedem Wort, das aus dem Mund Gottes kommt“ (Mt 4,4). Für ihn gilt das so sehr, dass er von sich selber sagen kann: „Meine Speise ist es, den Willen dessen zu tun, der mich gesandt hat“ (Joh 4,34). Schließlich sagt der Apostel Paulus von ihm, dass er gehorsam wurde bis zum Tod am Kreuz und dass dieser Gehorsam ihm in der Auferstehung die Erhöhung brachte (Phil 2,8-11). Jesus entscheidet sich für ein Hören in letzter Konsequenz; er wählt den Gehorsam gegenüber dem Willen des Vaters und damit eine Liebe, die ihn in die Herrlichkeit der Auferstehung führen wird und die uns die Erlösung und ewiges Leben bringt.

Als Christen sind wir in diese Lebensperspektive Jesu mit hinein genommen. Benedikt spricht diesbezüglich von der werbenden Stimme des Herrn: „Was kann beglückender für uns sein als diese Stimme des Herrn, der uns einlädt? Seht, in seiner Güte zeigt uns der Herr den Weg des Lebens“ (RB Prol 19f.). Wenn der Christ sich entscheidet, wirklich auf Gott zu hören, mit dem Ohr seines Herzens zu hören, dann führt ihn dieses Hören schließlich in einen letzten Lebensgehorsam hinein. Er gelangt mehr und mehr dahin, Gott die Antwort seines Lebens zu geben. Immer heißt das, dass er sein Leben in den Dienst der anderen stellt. „Ich habe euch ein Beispiel gegeben, damit auch ihr so handelt, wie ich an euch gehandelt habe“, sagt Jesus nach der Fußwaschung (Joh 13,15).

In der Benediktsregel führt das Hören auf Gott zum gegenseitigen Gehorsam: „Man soll einander gehorchen, weiß man doch, dass man auf diesem Weg des Gehorsams zu Gott gelangt“ (RB 71,1f.). Dieser gegenseitige Gehorsam ist nichts anderes als Dienstbereitschaft füreinander nach dem Beispiel Jesu Christi. Die Beteiligten stellen das gemeinsame Leben unter Gottes Wort. Aber sie sind auch bereit, persönliche Konsequenzen zu ziehen, weil sie das Anliegen Jesu verstanden haben. „Aufs erste Hören hin gehorcht er mir“ (RB 5,5; Ps 18,45), gilt hier. Wir brauchen nicht mehr zu warten, bis der andere anfängt. Gottes Wort und Jesu Beispiel im Herzen, können wir selber anfangen und die Kraft finden durchzuhalten. So, und nur so, verwandelt sich die Welt, die Welt des Klosters, der Familie, der Gesellschaft.

Wer das tut, der „kehrt durch die Mühe des Gehorsams zu Gott zurück, den er in der Trägheit des Ungehorsams verlassen hat“ (RB Prol 2). Ungehorsam steht ja im Gegensatz zum Hören und Befolgen. Ein solcher Mensch lebt in Beziehungslosigkeit, das heißt in Wahrheit lebt er gar nicht; denn was er Leben nennt, verdient diesen Namen nicht. Wahres Leben gibt es nur in Beziehung und damit im Hören und im Gehorsam. Hinter dem Gedanken von der Rückkehr zu Gott, den ein Mensch verlassen hat, steht die Geschichte vom Sündenfall der Stammeltern, wie ihn die Bibel erzählt. Die ersten Menschen wollten nicht hören und nicht gehorchen, und sie verloren darum das Paradies, die Nähe Gottes und die unbefangene Beziehung zueinander. Damit erzählt die Bibel, was uns alle betrifft und worunter wir alle leiden.

Benedikt nennt den Ungehorsam eine Trägheit und meint damit Unlust und Verweigerung Gott und den Mitmenschen gegenüber. Wer auf diese Weise träge ist, macht sich nicht die Mühe, sich auf andere zu zubewegen. Er ist lieber bei sich und mit sich selbst beschäftigt und pflegt ohne Rücksicht das eigene Ich. Wer aber im Gehorsam gegenüber Gottes Wort und dem Beispiel Jesu Christi ein Leben der Hingabe führt, selbst wenn ihn das bis an die Grenze bringt, wer „nicht zuerst auf das eigene Wohl achtet, sondern mehr auf das der anderen" (RB72,7), der erhält von Gott sozusagen ein Stück des verlorenen Paradieses zurück, indem er ihm die Freude seiner Nähe schenkt und durch ihn sichtbar macht, dass das Reich Gottes in dieser Welt schon angebrochen und „mitten unter uns ist" (Lk 17,21).

Hören – das ist bereits deutlich geworden, soll aber noch etwas entfaltet werden – ist für Benedikt kein einseitiger Vorgang. Es mündet ein in die Zwiesprache mit Gott, die wir Gebet nennen. Die schöne Stelle der Regel, die vom Oratorium des Klosters handelt, beschreibt dies mit aller gebotenen Zartheit und Diskretion: „Wenn einer still für sich beten will, trete er einfach ein und bete, nicht mit lauter Stimme, sondern unter Tränen und mit wacher Aufmerksamkeit des Herzens" (RB 52,4). Da ist es wieder, das Herz, das uns bereits ganz am Anfang begegnet ist. Hören ist Herzenssache und Beten ist Herzenssache. Nach dem schönen Wort des heiligen Augustinus finden sich im Gebet die Herzen zusammen: „Das Herz spricht zum Herzen." Wer Gottes Wort gehört und in sein Herz eingelassen hat, auf den hört nun Gott: „Meine Ohren hören auf eure Gebete; und noch bevor ihr zu mir ruft, sage ich euch: Seht, ich bin da" (RB Prol 18).

Wenn das Hören so wichtig ist, wie lernt man es? Vor allem, indem man in die Stille geht, abseits vom Getriebe und Lärm alltäglicher Geschäftigkeit. Die eben genannte Stelle vom Oratorium des Klosters hat es bereits gezeigt: „*Einfach eintreten und beten.*" Benedikt ist kein Freund von komplizierten Methoden, und eine Meditationsanleitung sucht man in seiner Regel vergebens. Man muss sich in allem an das Beispiel Jesu halten. Von ihm berichten die Evangelien, dass er sich immer wieder von der Menge zurückzog, um mit Gott allein zu sein: „Bei Tagesanbruch verließ er die Stadt und ging an einen einsamen Ort“ (Lk 4,42). Wie Jesus muss man sich zurückziehen, nicht nur hin und wieder, sondern regelmäßig, geordnet, in guter Gewohnheit. Man muss lernen, die Stille auszuhalten, ohne davonzulaufen, *„mit wacher Aufmerksamkeit des Herzens“*. Dann kommt Gott und spricht zur Seele, versichern uns die, die das vor uns erprobt haben: „Dein Wort war mir Glück und Herzensfreude“ (Jer 15,15).

Die Benediktsregel gibt aber noch einen weiteren Hinweis, wenn sie sagt: „Heilige Lesungen gern hören“ (RB 4,55). Das gilt für den Gottesdienst genauso wie für den ganz persönlichen Umgang mit Gottes Wort. In der Gemeinschaft der Kirche, bei der Feier ihres Gottesdienstes, lernen wir hören, indem wir uns gemeinsam unter das Wort stellen. Ähnlich ist es beim gemeinsamen Bibel-Lesen. Aber auch wenn wir still für uns die Bibel zur Hand nehmen, üben wir das Hören ein. Wir können uns das Wort des jungen Samuel zu eigen machen: „Rede, Herr, dein Diener hört“ (1 Sam 3,9). Schließlich betont Benedikt den Wert des Gespräches im Rahmen der gemeinsamen Entscheidungsfindung. Hier lernen wir immer neu zu hören, der Meinung eines anderen Menschen mit Respekt zu begegnen, seine eigene Ansicht mit Gespür für das Gemeinwohl darzulegen und dem Geist Gottes Raum zu geben.

Aufstehen

Im Regelprolog findet sich ein markanter Text, der uns einiges über unsere christliche Existenz und unsere Lebensführung zu sagen hat:

„Stehen wir also endlich einmal auf!
Die Schrift rüttelt uns wach und ruft:
‚Die Stunde ist da, vom Schlafe aufzustehen'
(Röm 13,11).
Öffnen wir unsere Augen dem göttlichen Licht,
und hören wir mit aufgeschrecktem Ohr,
wozu uns die Stimme Gottes täglich mahnt und
aufruft:
‚Heute, wenn ihr seine Stimme hört,
verhärtet eure Herzen nicht!' (Ps 95,8).

Und wiederum:

‚Wer Ohren hat zu hören,
der höre, was der Geist den Gemeinden sagt!'
(Offb 2,7)." (RB Prol 8–11)

Der heilige Benedikt scheint der Ansicht zu sein, dass wir Menschen uns oft genug nicht im Zustand des Wachseins befinden. Man muss uns eigens *wach rütteln*, um uns in die Position zu versetzen, die vor Gott die einzig angemessene ist und die das Zweite Eucharistische Hochgebet so beschreibt: „Wir danken dir, dass du uns berufen hast, vor dir zu stehen und dir zu dienen." Es ist auch nicht selbstverständlich, dass der Mensch steht, obwohl ihn diese Haltung vor allen anderen Lebewesen auszeichnet. In ihm ist etwas, das ihn hinunter zieht, eine Art Schwerkraft, die Benedikt an anderer Stelle Trägheit nennt (RB Prol 2). Es zieht uns nach unten in die sitzende oder liegende Position, weil es so bequemer ist. Aber das hat zur Folge, dass unser Aktionsradius stark eingeschränkt ist. Das gleiche gilt für das, was wir Horizont nennen, für unsere geistige Weite. Wer sich nicht erhebt, um den wird es mit der Zeit einsam. Die Menschen vergessen ihn oder meiden ihn, weil er sich nicht die Mühe macht, aufzustehen, auf andere zuzugehen und Kontakt zu suchen.

Im Hinblick auf Gott scheint es ähnlich zu sein. „Stell dich auf deine Füße, Menschensohn; ich will mit dir reden", sagt Gott zum Propheten im Buch Ezechiel (Ez 2,1). Es ist die Berufung des Menschen und macht seine Würde aus, dass Gott mit ihm Umgang pflegen will, wie es die Bibel an vielen Stellen schildert. Und für den Menschen gibt es nichts Schöneres und Erfüllenderes, als vor seinem Gott zu stehen und ihm zu dienen. Es ist Verrat an seiner Berufung, wenn er nicht aufstehen und wach sein und hörbereit und kontaktbereit vor seinem Schöpfer stehen will.

Stehen wir also endlich einmal auf. Das heißt, dass es höchste Zeit ist. Viel zu viel Zeit ist bereits vertan. Das Leben will wahrgenommen werden. Wir Menschen sind offenbar in Gefahr, es nutzlos zu vertun oder aber das Falsche zu tun. Aufstehen heißt hier, sich dem Leben zuwenden, dem Leben im Vollsinn des Wortes, der „Fülle des Lebens", wie es das Johannesevangelium ausdrückt (Joh 10,10). Wir können ja auch einfach so leben. Dann nehmen wir das Leben, wie es eben kommt, ohne uns viel Gedanken darüber zu machen. Wir können in den Tag hinein leben, wie wir das alle kennen. Und dann sind wir nicht bereit, zu reagieren, wenn uns das Leben die entscheidenden Fragen stellt. Wir haben die Chance verpasst, den Kairós versäumt, wie die Bibel das ausdrückt, die Zeit, in der Gott dem Menschen begegnen will, ihm sein Lebenswort zusprechen will.

Aufstehen, das heißt dafür sorgen, ganz da zu sein. Roger Schutz, der Prior von Taizé, spricht vom „Heute des Evangeliums": „Wir brauchen viel Mut, um neuen Elan zu gewinnen, das Heute des Evangeliums zu leben und in der Frische eines jeden Morgens den anbrechenden Tag wie eine Blume zu pflücken. Aufmerksam sein auf das, womit wir in Fülle beschenkt sind. Suchen, was unsere Nacht erhellt – selbst in den Augenblicken tiefster Zerrissenheit. Welche Freude und Verwunderung angesichts jeder Morgenröte Gottes!" (1970, 84f.).

Aufstehen, das heißt bereit sein für die Begegnung mit Gott. „Öffnen wir unsere Augen dem göttlichen Licht, und hören wir mit aufgeschrecktem Ohr auf die Stimme Gottes", sagt Benedikt. Das sind klare und zuversichtliche Worte. Sie besagen, dass Gott da ist und sich uns kundtun will. Vielleicht sträubt sich auch etwas in uns gegen diese Eindeutigkeit? „Ich weiß nicht, ob Gott mich liebt, und ich weiß nicht, ob ich ihn liebe", soll Charles de Foucauld gegen Ende seines Lebens gesagt haben. Solche Unsicherheit – oder vielleicht besser Demut im Glauben? – soll nicht einfach abgetan werden. Sie ist die subjektive Erfahrung sehr vieler Menschen von heute. Aber andererseits wäre es gut, sich von Benedikt an der Hand nehmen zu lassen. Er ermutigt uns zum Glauben an Gottes Gegenwart in unserem konkreten Leben, und er verweist uns dazu auf Gottes lebendiges Wort, das auch heute zu uns spricht, und an seinen Geist, der uns etwas zu sagen hat, wenn wir denn auf ihn hören wollen: „Heute, wenn ihr seine Stimme hört, verhärtet eure Herzen nicht! Wer Ohren hat, zu hören, der höre, was der Geist den Gemeinden sagt!"

Was Benedikt uns in diesem Regelabschnitt bietet, ist solide Taufspiritualität, verbunden mit einer praktischen Anleitung, heute Christ zu sein.

Benedikts Mahnung, endlich einmal aufzustehen, knüpft an die Aufforderung an, Jesus, dem Christus, in seine Herrlichkeit zu folgen (RB Prol 7). Das ist eigentlich eine Zusammenfassung unserer ganzen christlichen Existenz. *Christus nachfolgen* ist das Programm. Als Getaufte leben wir in Gemeinschaft mit Jesus Christus und sind berufen, unser Leben nach seinem Beispiel zu gestalten. Das ist keine leichte Sache, sondern kostet Anstrengung. In mancher Beziehung ist es dem natürlichen Bestreben des Menschen sogar entgegengesetzt. Alles, was Mühe bereitet, meiden wir am liebsten. Der Apostel Paulus spricht von der fleischlichen Existenzweise, vom Bestimmt-Sein durch das Fleisch (Röm 8,8), was eine rein irdisch eingestellte Lebensweise meint, die eine Orientierung an dem, „was droben ist" (Kol 3,1) vermeidet. So ist Christus und sein Evangelium nicht mehr der Maßstab, sondern nur das, was dieses Leben angenehm und leicht macht und in dieser Welt Erfolg verheißt. Einer solchen Lebensweise entgegengesetzt ist das geistgemäße Leben (Röm 8,9), das in der Taufe grundgelegt wurde und im Lauf unseres Lebens entfaltet werden muss.

Darauf zielt der Appell des heiligen Benedikt: *Stehen wir endlich einmal auf!* Es genügt keineswegs, das Sakrament der Taufe empfangen zu haben und deshalb in einer falschen Heilsgewissheit zu leben. Wer das Ziel, die Herrlichkeit Christi, erreichen will, muss sich zu einem bewussten Leben aufrütteln lassen. Dies geschieht durch die Heilige Schrift, die wir täglich hören, das heißt durch Gott selber, der sich uns zuwendet, weil er unser Heil will. Der Vers aus dem Römerbrief, den Benedikt dann zitiert, steht bei Paulus im Kontext christlicher Askese: „Bedenkt die gegenwärtige Zeit: Die Stunde ist gekommen, aufzustehen vom Schlaf. Denn jetzt ist das Heil uns näher als zu der Zeit, da wir gläubig wurden. Die Nacht ist vorgerückt, der Tag ist nahe. Darum lasst uns ablegen die Werke der Finsternis und anlegen die Waffen des Lichtes. Lasst uns ehrenhaft leben wie am Tag, ohne maßloses Essen und Trinken, ohne Unzucht und Ausschweifung, ohne Streit und Eifersucht. Legt den Herrn Jesus Christus an, und sorgt nicht so für den Leib, dass die Begierden erwachen“ (Röm 13,11–14).

Das sind ganz konkrete Weisungen für ein christliches Leben. Sie verdeutlichen gleichzeitig das unterscheidend Christliche. Christsein heißt anders leben, heißt christusgemäß leben. Große Gefahren sind Unentschiedenheit und Gleichgültigkeit. Wir neigen dazu, bildlich gesprochen, an der Oberfläche zu leben und die Tiefe zu meiden. „Christus unser Ideal“, heißt eines der Hauptwerke des belgischen Abtes Columba Marmion. Christus müsste für uns das einzig Faszinierende sein. Dann bekäme unser Leben eine ganz bestimmte Prägung und würde an Leuchtkraft gewinnen.

Benedikt zeichnet das Bild vom Aufgeweckt-Werden und vom Aufstehen sehr eindrucksvoll. „Die Schrift rüttelt uns wach und ruft.“ Dann kommt der Vorgang des Erwachens: Wir öffnen die Augen und schauen das Licht, und wir hören die Stimme Gottes, der uns anspricht. Benedikt spricht wieder in der Form des Appells: „Öffnen wir unsere Augen dem göttlichen Licht, und hören wir mit aufgeschrecktem Ohr." Das sind wieder Anspielungen auf die Taufe. In alter Zeit sprach man von der Taufe als Photismós, das heißt Erleuchtung. In Eph 5,14 klingt das an, da wird vermutlich aus einem alten Taufhymnus zitiert: „Wach auf, du Schläfer, steh auf von den Toten, und Christus wird dein Licht sein."

Das göttliche Licht ist Jesus Christus, der uns in der Taufe erleuchtet hat, der aber auch jetzt täglich unser Licht ist. Wir können sein Licht sehen und sein Wort hören, wenn wir dafür Augen und Ohren weit öffnen. Das ist unser Zutun, unser Eingehen auf die Gnade Gottes. Von Gott heißt es, dass er „täglich mahnt und ruft". Darin besteht seine Sorge um uns Menschen. Weil er uns liebt, macht er sich Mühe mit uns. Unsere Mühe für Gott ist die Antwort darauf, und auch sie muss täglich aufgewendet werden. Wir müssen uns von Gottes Wort formen lassen, Tag für Tag.

Die Stimme Gottes ist täglich vernehmbar, und zwar in der Liturgie, im Wort der Heiligen Schrift. Benedikt zitiert aus Ps 95: „Heute, wenn ihr seine Stimme hört, verhärtet eure Herzen nicht!" Damit deutet er das Problem der Herzensverhärtung an, das uns allen vertraut ist. Gott erhebt Anspruch auf das Herz des Menschen, das heißt, er will den Menschen ganz; der Mensch soll sich Gott in freier Zustimmung übereignen. Man kann auch an das erste Gebot denken: Gott lieben mit ganzem Herzen (Mk 12,30). Die Tragik liegt darin, dass wir immer wieder dazu neigen, unser Herz vor Gott und voreinander zu verschließen. Wir hören Gottes Wort, seine werbende, einladende Stimme (vgl. RB Prol 19), und verweigern uns. Jeder Mensch wird das von sich sagen müssen; jeder verweigert sich auf seine Weise und hat seine ganz konkreten Gefährdungen.

Schließlich zitiert Benedikt noch ein Schriftwort, mit dem er den Heiligen Geist einführt: Wir sollen „hören, was der Geist den Gemeinden sagt“ (Offb 2,7). Dieses Hören auf den Geist scheint mir besonders wichtig zu sein. Nur wenn es gelingt, bleiben unsere Gemeinden und Gemeinschaften lebendig und fähig, sich immer wieder zu erneuern. Es scheint mir auch nicht unbedeutend zu sein, dass von den *Gemeinden* die Rede ist. In der Offenbarung des Johannes sind das die Kirchen. Sie haben alle ihre Versuchungen und Gefährdungen, sei es, dass sie ihre erste Liebe verlassen haben, sei es, dass sie nur dem Namen nach leben, in Wahrheit aber tot sind oder dass sie sich in der Bedrängnis befinden (Offb 2,4; 3,1;2,9). Heute ist es nicht anders. Auch wir haben Grund, uns sagen zu lassen, wir sollen endlich aufstehen, auf Gottes Wort hören und uns dem Wirken des Geistes öffnen. Darin liegt unsere Kraft, unser Wert und unsere Zukunft in der Welt.

Aufbrechen

Vor einigen Jahren hatte ich eine Begegnung mit einer jungen Frau. Sie war als Gast in unserem Kloster und hatte um ein Gespräch gebeten. Sie erzählte mir von ihrem kleinen Sohn, der sich derzeit in der Erstkommunionvorbereitung befand. Nach den Katechesen kam er immer ganz begeistert nach Hause und berichtete, was er wieder über Jesus und den Glauben gelernt hatte. Die Mutter war von dieser Freude ihres Sohnes sichtlich bewegt und sagte: „Ich bin sehr nachdenklich geworden. Schon seit vielen Jahren praktiziere ich den Glauben nicht mehr. Aber ich meine, ich muss nun einen neuen Aufbruch wagen."

Dieser Frau war durch das Miterleben der Glaubensfreude ihres Sohnes für ihr eigenes Leben etwas Wichtiges aufgegangen. Sie hatte erkannt: Ich kann so wie bisher nicht weitermachen. Ich muss etwas ändern. Wenn ich das nicht tue, versäume ich etwas ganz Wesentliches. Dann greift mein Leben irgendwie zu kurz. Es muss noch mehr geben als das, was bisher für mich wichtig war. Ich muss Gott in meinem Leben wieder Raum geben. Wenn ich das tue, dann kommt offenbar die Freude zurück, und mein Leben bekommt wieder Glanz.

Mich ließ der Bericht dieser Frau unwillkürlich an die Erzählung des Johannesevangeliums über die Berufung der ersten Jünger denken (Joh 1,35–51). Da hatten Menschen erfahren, wie Jesus ist. Und es hatte sie so gepackt, dass sie es unbedingt weitererzählen mussten. Ihr Zeugnis machte andere mit Jesus bekannt, so dass sie aus ihrem bisherigen Leben aufbrachen und eine neue Richtung einschlugen. Und was sie da taten, lohnte sich ganz offensichtlich. Ihr Leben bekam eine neue Qualität. Sie spürten etwas von der Lebensfülle, die Jesus denen verheißt, die sich auf ihn einlassen. Und sie konnten andere an dieser Fülle teilhaben lassen.

Wann und wie machen Menschen ihre ersten religiösen Erfahrungen? Früher war das normalerweise im Kleinkindalter, was heute aus vielen Gründen oft nicht mehr gegeben ist. Wir können nicht dankbar genug sein, wenn wir in einem religiösen Umfeld, im Kreis einer gläubigen Familie aufwachsen durften. Doch hat dieses selbstverständliche Hinein-Wachsen in den christlichen Glauben auch seine Grenzen. Vielleicht haben wir das selber schon gespürt? Es ist wie mit einem Kleidungsstück, das uns nicht mehr passt; wir sind mit der Zeit hinaus gewachsen. Wir haben das Überkommene hinter uns gelassen, weil wir so recht nichts mehr damit anfangen konnten. Über Jahre hin spielt dann der Glaube keine tragende Rolle mehr. Die Schwierigkeit liegt in diesem Fall darin, dass der Glaube sich nicht weiterentwickelt hat. Der Mensch ist älter geworden, aber sein Glaube hat die Form des Kinderglaubens behalten. Ich meine damit, dass ein Mensch viele Jahre im Glauben leben kann, ohne seinen tieferen Sinn zu erfassen. Auf diese Weise ist der Glaube nicht zum tragenden Grund des Lebens geworden.

Anders ist es, wenn die ersten religiösen Erfahrungen mit dem Älter-Werden mit wachsen, wenn der Glaube an Tiefe gewinnt und in eine bewusste Entscheidung für Gott hinüber geführt wird. Auch das gibt es oft genug, und es ist für die betreffenden Menschen ein großes Glück.

Immer öfter geschieht es heute, dass im Kindesalter gar kein religiöses Fundament gelegt wird. Aber auch wer so aufwächst, ist nicht ohne Gottes Liebe. Gott selber gibt irgendwann und irgendwie den Anstoß, wenn du es selber zulässt. Dann fängst du an nach ihm zu fragen und zu suchen.

Oft dauert es lange Zeit und braucht viele vergebliche Mühen, bis ein Mensch wirklich aufbricht. Aber dann ist die Chance groß, dass es ein echter Aufbruch wird. Von Charles de Foucauld wissen wir, dass er in jungen Jahren den Glauben verlor und dann kein besonders gutes Leben führte. Aber irgendwann kam er ins Nachdenken, und dann sprach er immer diesen Satz: „Gott, wenn es dich gibt, lass mich dich erkennen!"

Ganz gleich, wie es dem einzelnen auch gehen mag und wie sein Weg verläuft: In jedem Fall will Gott ihn dahin führen, sich zu entscheiden und den Aufbruch zu wagen. Es kann eine innere Unruhe sein, die uns nicht mehr loslässt, etwa wie beim heiligen Augustinus, von dem das berühmte Wort stammt: „Unruhig ist unser Herz, o Gott, bis es ruht in dir" (Bekenntnisse 1,1). Es kann die Erkenntnis sein, dass jetzt etwas geschehen muss, dass es nicht mehr so weitergehen darf – und wir nehmen mit Staunen wahr, dass uns Schritt um Schritt gezeigt wird, wohin der neue Weg führen soll. Es kann eine Begegnung sein, die uns nachhaltig beeindruckt und die ganz neue Perspektiven eröffnet. Gott hat viele Möglichkeiten.

Was aber heißt aufbrechen? Die große Gestalt des Aufbruchs, exemplarisch für jeden Menschen, ist Abraham. Wer aufbrechen will in die große Verheißung Gottes, der findet in ihm einen Weggefährten. Die Bibel erzählt von ihm: „Der Herr sprach zu Abraham: Zieh weg aus deinem Land, von deiner Verwandtschaft und aus deinem Vaterhaus in das Land, das ich dir zeigen werde. Ich werde dich zu einem großen Volk machen, dich segnen und deinen Namen groß machen. Ein Segen sollst du sein. Ich will segnen, die dich segnen; wer dich verwünscht, den will ich verfluchen. Durch dich sollen alle Geschlechter der Erde Segen erlangen. Da zog Abraham weg, wie der Herr ihm gesagt hatte“ (Gen 12,1–4).

Abraham ist jeder von uns, der auf Gottes Wort hin aufbricht, der sich offenhält für den Glauben und die Hoffnung. Abraham ist jeder, der vom Leben etwas erwartet, der sich verlocken lässt, sich herauslocken lässt aus dem allzu Gewohnten, Festgefahrenen und Verstaubten. Abraham ist der, der aufbricht in die Weite und die Verheißung Gottes.

Aufbrechen ist nicht zuerst ein äußerer Vorgang. Aufbrechen findet vor allem im Herzen statt, jedenfalls fängt es immer dort an: Sich für Gott öffnen; vertrauen, dass er den Weg zeigt; um seine Hilfe bitten; sich Schritt für Schritt von ihm führen lassen. Dann geht mir auf, was ich vielleicht auch im äußeren Bereich verändern muss, weil es nicht mehr passt oder unvereinbar ist: diese oder jene Verhaltensweise, vielleicht sogar mein ganzes Lebenskonzept. Ich darf nicht erwarten, dass von vornherein alles klar und eindeutig ist. Aufbrechen ist ein Wagnis und hat mit Glauben und Vertrauen zu tun und mit Überwindung von Angst. Es geschieht in der Hingabe an ein „Du“, das mich ruft und herausfordert, das zwar unverfügbar ist, sich mir aber dennoch immer wieder schenkt und mitteilt durch Ermutigung und Trost: „Fürchte dich nicht, denn ich bin mit dir; hab keine Angst, denn ich bin dein Gott“ (Jes 41,10). Gott, der mich unwiderstehlich anzieht, erweist sich als mein

Weggefährte, der mir neue Perspektiven eröffnet und immer neue Möglichkeiten zeigt.

„Stehen wir also endlich einmal auf!
Was kann beglückender für uns sein als die Stimme des Herrn, der uns einlädt? Seht, in seiner Güte zeigt uns der Herr den Weg des Lebens."
(RB Prol 8.19)

Ausziehen

Die Lebensform des Mönchtums ist von Anfang an bestimmt durch das Phänomen des Auszugs (biblisch: Exodus). In der Alten Kirche zogen die um ein asketisches Leben bemühten Gemeindeglieder in die Wüste hinaus, um dort kompromisslos ein Leben der Nachfolge führen zu können. In den sich immer mehr etablierenden Christengemeinden des Römischen Reiches sahen sie für sich keinen Platz mehr. Allerdings muss man sich hüten, vorschnell von einer monastischen Protestbewegung zu sprechen. Diese ersten Mönche, die zunächst Einsiedler waren, respektierten durchaus das normale kirchliche Leben in den Gemeinden mit den typischen Gegebenheiten von Hierarchie, sozialem Eingebunden-Sein, Familie, Beruf usw. Das Hauptmotiv für den Auszug in die Wüste war zweifellos das Verlangen, ungestört nur für Gott leben zu können. Bezeichnenderweise nennt Bischof Theodoret von Kyrus († 460) seine Sammlung syrischer Mönchsbiographien „Geschichte der Gottesliebe".

Das Motiv des Auszugs wurde auch bewahrt, als die Mönche „in heiliger Gemeinschaft" (Pachomius, † 346) leben wollten. Jetzt wurde das „andere Leben" der Apostelgeschichte zum Leitbild der Mönchsfamilie: „Die Gemeinde der Gläubigen war ein Herz und eine Seele. Keiner nannte etwas von dem, was er hatte, sein Eigentum, sondern sie hatten alles gemeinsam. Mit großer Kraft legten die Apostel Zeugnis ab von der Auferstehung Jesu, des Herrn, und reiche Gnade ruhte auf ihnen allen.

Es gab auch keinen unter ihnen, der Not litt. Denn alle, die Grundstücke oder Häuser besaßen, verkauften ihren Besitz, brachten den Erlös und legten ihn den Aposteln zu Füßen. Jedem wurde davon so viel zugeteilt, wie er nötig hatte" (Apg 4,32–35). Durch das Gemeinschaftsleben wurde den Gefahren des totalen Für-sich-Seins begegnet; doch blieb deutlich, dass man als Gottbegeisterter der Welt entsagt hatte, um im Blick auf das Kreuz Christus nachzufolgen. Eine Stelle des Hebräerbriefes war inspirierend: „Jesus hat, um durch sein eigenes Blut das Volk zu heiligen, außerhalb des Tores gelitten. Lasst uns also zu ihm vor das Lager hinausziehen und seine Schmach auf uns nehmen. Denn wir haben hier keine Stadt, die bestehen bleibt, sondern wir suchen die künftige" (Hebr 13,12–14).

Es kamen also zwei starke Beweggründe zusammen: der Wunsch nach einer ausschließlich am Zeugnis der Heiligen Schrift orientierten Lebensform und das Verlangen „draußen" bei Jesus zu sein.Auch die Benediktsregel kennt das Motiv des Auszugs. Es findet sich hier vor allem unter dem Bild der Gottsuche. Ein Mönch, so Benedikt, ist einer, der „*wirklich Gott sucht*", das heißt, einer, dem es nur und in allem um Gott geht. Wer ins Kloster eintritt, verlässt die „Welt", das heißt seine bisherigen Lebensumstände, um ein neues Leben zu beginnen; er begibt sich ins „*Haus Gottes*", wo andere Gesetze gelten und wo man ganz anders lebt: in der „*Schule für den Dienst des Herrn*", konzentriert auf das Evangelium, dessen „*Führung*" man sich ausschließlich anvertraut, ohne Sorge um „*vergängliche, irdische und hinfällige Dinge*", weil gilt:

„Sucht zuerst das Reich Gottes und seine Gerechtigkeit, und dies alles wird euch dazugegeben" (Mt 6,33). Auch für Benedikt befindet sich der Mönch „draußen" bei Christus, dem er sich „niemals entzieht“ und „in dessen Lehre er im Kloster aushält bis zum Tod.“ Denn „wenn wir so in Geduld an den Leiden Christi Anteil haben, dann dürfen wir auch mit ihm sein Reich erben.“ (Zitate aus RB Prol und RB 2)

Das Symbolwort vom *„Haus“* oder *„Zelt Gottes“* steht für die Gemeinschaft in Christus, dessen österliche Gegenwart alles erfüllt und beseelt. Menschen verschiedener Herkunft mit ihren unterschiedlichen Charaktereigenschaften und Begabungen wissen sich hier von Gott zusammengeführt. In der Kraft des Heiligen Geistes sind sie bestrebt, einander gelten zu lassen und anzunehmen, so dass sie „einander in gegenseitiger Achtung zuvorkommen, ihre körperlichen und charakterlichen Schwächen mit unerschöpflicher Geduld ertragen, weniger auf das eigene Wohl als vielmehr auf das der anderen bedacht sind; selbstlos erweisen sie sich die Bruderliebe, und Christus wollen sie überhaupt nichts vorziehen“ (RB 72,4–8.11). Das Kloster wird auf diese Weise zu einem Ort lebendigen Christusglaubens und der Erwartung seiner Wiederkunft. „Er führt alle gemeinsam zum ewigen Leben“ (RB 72,12). Diese Art zu leben ist freilich ständig gefährdet durch menschliche Begrenztheit und Schwäche. Wenn sie dennoch immer wieder auch gelingt und Menschen sich in rückhaltlosem Vertrauen aufeinander einlassen können, dann nicht aus eigener Kraft, sondern nur, weil sie sich mit allen Konsequenzen in den Herrschaftsbereich Gottes begeben haben.

Benedikt weiß sehr wohl um die Versuchung, sich im *„Hause Gottes“* schließlich doch wieder nach Art der „Welt“ häuslich einzurichten, weil es so angenehmer und bequemer ist. Er kennt die menschliche Trägheit. Darum finden sich im Regelprolog gehäuft Ermahnungen, ja Beschwörungen, sich nicht festzusetzen, sondern auf dem einmal eingeschlagenen Weg voranzuschreiten, zu „*laufen*“ und zu „*eilen*“. Täglich ist Aufbruch und Auszug angesagt:

„Stehen wir also endlich einmal auf! Die Schrift rüttelt uns wach und ruft: ‚Die Stunde ist da, vom Schlaf aufzustehen‘ (Röm 13,11). Öffnen wir unsere Augen dem göttlichen Licht, und hören wir mit aufgeschrecktem Ohr, wozu uns die Stimme Gottes täglich mahnt und aufruft: ‚Heute, wenn ihr seine Stimme hört, verhärtet eure Herzen nicht!‘(Ps 95,8)“. Und dann wieder: „Lauft, solange ihr das Licht des Lebens habt, damit die Schatten des Todes euch nicht überwältigen“ (vgl. Joh 12,35). Und: „Wollen wir in seinem Reich und in seinem Zelt wohnen, dann müssen wir durch gute Taten dorthin eilen, anders kommen wir nicht ans Ziel.“ Dann noch einmal ganz drängend: „Noch ist Zeit, noch sind wir in diesem Leib, noch lässt das Licht des Lebens uns Zeit, all das zu erfüllen. Jetzt müssen wir laufen und tun, was uns für die Ewigkeit nützt“ (RB Pro 8–10.13.22.43f.).

Die Bilder vom Wohnen bei Gott einerseits und vom Ausziehen, Laufen und Gott-Suchen andererseits stehen also in einer fruchtbaren Spannung. Mit Gott leben dürfen kann nicht heißen, ihn dingfest machen zu können; er ist uns nahe, aber auch immer der ganz Andere, Unbegreifliche. Gott suchen heißt, nach ihm ein lebendiges Verlangen haben, der Anziehung, die von ihm ausgeht, folgen, durch seine Gnade „*mehr und mehr auf ihn zugehen*“ (vgl. RB 62,4). Für Benedikt ist die Gottesbeziehung, die Freundschaft mit ihm, seine Hausgenossenschaft, etwas sehr Dynamisches: ein unentwegtes Suchen und dabei doch schon Fündig-Werden:

„Wer aber im klösterlichen Leben und im Glauben

voranschreitet, dem wird das Herz weit, und er läuft in unsagbarem Glück der Liebe den Weg der Gebote Gottes" (RB Prol 49).

Erwähnung verdient in diesem Zusammenhang auch noch das Bild des Weges, der von Benedikt „*Weg des Lebens*" (RB Prol 20) genannt wird. Gerade dieses Bild hat seine Tiefendimension und lässt an Jesus Christus selber denken, der von sich gesagt hat, dass er der Weg zum Vater ist (vgl. Joh 14,6). Den „*Weg des Lebens*" gehen, heißt sich völlig auf Christus einlassen, ihm nachgehen, der uns zum Vater vorausgeht, hinter ihm hergehen auf seinem Weg der Liebe und Entäußerung „bis ans Ende" (Joh 13,1). Diesen Christusweg beschreibt Benedikt als Stufenweg der Demut, der ein Auszug aus Selbstliebe und Besorgt-Sein um die eigene Person ist hin zur „*vollendeten Gottesliebe*", die immer zugleich auch selbstlose Nächstenliebe ist. Wunderbar formuliert der heilige Augustinus dieses Geheimnis, wenn er sagt: „Auszuziehen beginnt, wer zu lieben beginnt" (Psalmenkommentar).

Mönchsleben hat den Sinn, in der Kirche den Gedanken des Auszugs, des Exodus, lebendig zu erhalten. Es ist ja nichts anderes als Ernst-Machen mit der Taufe. Die Taufe aber ist Auszug aus dem Herrschaftsbereich der Sünde in ein neues Leben hinein. „Wie können wir, die wir für die Sünde tot sind, noch in ihr leben? Wisst ihr denn nicht, dass wir alle, die wir auf Christus Jesus getauft wurden, auf seinen Tod getauft worden sind? Wir wurden mit ihm begraben durch die Taufe auf den Tod; und wie Christus durch die Herrlichkeit des Vaters von den Toten auferweckt wurde, so sollen auch wir als neue Menschen leben" (Röm 6,2–4). Dieses neue Leben aber ist sehr konkret zu denken. Es ist ein Leben in Beziehung: zu Christus und in ihm zueinander. Damit hat sich etwas von Grund auf verändert. Als Getaufter leben ist nichts Harmloses und Beliebiges. Man lässt dann wirklich etwas hinter sich und formiert sein Leben völlig neu. Der l. Johannesbrief stellt diesbezüglich fest: „Wir wissen, dass wir aus dem Tod in das Leben hinübergegangen sind, weil wir die Brüder lieben. Wer nicht liebt, bleibt im Tod“ (1 Joh 3,14). Die Liebe, von der hier die Rede ist, ist alles andere als ein schönes Gefühl. „Daran haben wir die Liebe erkannt, dass Er sein Leben für uns hingegeben hat. So müssen auch wir für die Brüder das Leben hingeben. Wenn jemand Vermögen hat und sein Herz vor dem Bruder verschließt, den er in Not sieht, wie kann die Gottesliebe in ihm bleiben? Meine Kinder, wir wollen nicht mit Wort und Zunge lieben, sondern in Tat und Wahrheit“ (l Joh 3,16–18).

Paulus beschreibt, wie durch die Taufe die Kluft zwischen Völkern, Klassen und Geschlechtern überwunden wird: „Ihr alle seid durch den Glauben Söhne und Töchter Gottes in Christus Jesus. Denn ihr alle, die ihr auf Christus getauft seid, habt Christus als Gewand angelegt. Es gibt nicht mehr Juden und Griechen, nicht Sklaven und Freie, nicht Mann und Frau; denn ihr alle seid ‚einer‘ in Christus Jesus“ (Gal 3,26–28). Es ist also ganz deutlich: Mit der Taufe hat man eine alte Lebensform verlassen und ist in eine neue eingetreten. Es ist nun für uns Heutige sehr heilsam zu sehen, wie die frühe Kirche mit ihren Taufbewerbern umging. Sie wurden sorgfältig geprüft und in einem langen, umfangreichen Taufunterricht in die neue Lebensweise eingeführt. Man ging davon aus, dass das christliche Leben sich nicht sozusagen von selber einstellt; es musste erworben werden. Ebenso sah man das Böse als eine reale Macht, die dieses neue Leben gefährdete. Von den Taufbewerbern wurde wirklich etwas verlangt. Alte Gewohnheiten und Verhaltensweisen, bisherige Beziehungen, unter Umständen der Beruf, gesellschaftliche Gepflogenheiten, das kulturelle Leben und manches mehr musste kompromisslos aufgegeben werden, weil es mit der neuen Lebensweise unvereinbar war. Ein neues Beziehungsgefüge entstand. Die Getauften waren einander Brüder und Schwestern. Ihr Leben war von nun an untrennbar miteinander verknüpft. Diese Menschen lebten nicht mehr für sich selbst, sondern für Gott und füreinander. Der Kirchenschriftsteller Tertullian († ca. 220) berichtet von der Reaktion der Heiden auf etwas so nie Dagewesenes: „Seht, wie sie einander lieben!“ (Apologeticum 39,7). In den neutestamentlichen Schriften schildert vor allem die Apostelgeschichte sehr anschaulich dieses neue Miteinander der Christen.

Es muss einen nachdenklich machen, wenn sich in unserer Zeit in mancher Beziehung die umgekehrte Bewegung beobachten lässt. Die Christen sind dabei, sich einer immer säkularer werdenden Gesellschaft kompromisslos zu unterwerfen und anzupassen. Sie sehen keinen Sinn darin, sich zu unterscheiden, und meinen unter Umständen sogar, Angleichung und Unauffälligkeit seien die heute gemäßen Formen der Missionierung. Doch auf diese Weise verlieren sie nicht nur ihr Profil; sie setzen auch der existierenden Gesellschaft nichts Eigens mehr entgegen, worauf diese angewiesen wäre, und werden unfruchtbar.

„Ihr seid das Salz der Welt. Wenn das Salz seinen Geschmack verliert, womit kann man es wieder salzig machen? Es taugt zu nichts mehr; es wird weggeworfen und von den Leuten zertreten. Ihr seid das Licht der Welt. Eine Stadt, die auf einem Berg liegt, kann nicht verborgen bleiben. Man zündet auch nicht ein Licht an und stülpt ein Gefäß darüber, sondern man stellt es auf einen Leuchter; dann leuchtet es allen im Haus. So soll euer Licht vor den Menschen leuchten, damit sie eure guten Werke sehen und euren Vater im Himmel preisen" (Mt 5,13–16).

Zurückkehren

Der heilige Benedikt sieht den Lebensweg des Menschen als eine Rückkehr, eine Heimkehr zu Gott an. In den ersten Zeilen der Regel heißt es: „So kehrst du durch die Mühe des Gehorsams zu dem zurück, den du durch die Trägheit des Ungehorsams verlassen hast“ (RB Prol 2).

Der Gedankengang ist biblisch. Grundsätzlich klingt das Motiv der Umkehr bzw. Bekehrung an, das in der Bibel allgegenwärtig ist. Näherhin sind es aber zwei Stellen, an die Benedikt hier zu denken scheint, eine aus dem Alten und eine aus dem Neuen Testament. Beide Bibelstellen stehen in einem Zusammenhang. Im ersten Buch der Bibel (Gen 3,1–24) wird in bildhafter Sprache der Sündenfall des ersten Menschenpaares erzählt. Gott hatte Adam und Eva den Garten Eden anvertraut, allerdings mit einer Einschränkung: „Von allen Bäumen des Gartens darfst du essen, doch vom Baum der Erkenntnis von Gut und Böse darfst du nicht essen; denn sobald du davon isst, musst du sterben“ (Gen 2,16f.). Wir kennen die Geschichte: Adam und Eva hören auf die Einflüsterung der Schlange; sie übertreten Gottes Gebot, handeln ungehorsam und müssen das Paradies verlassen. Der Römerbrief greift diesen Gedanken auf (Röm 5,12–19). Hier wird Christus als der neue Adam gesehen, der durch seinen Gehorsam den Weg zum Vater wieder eröffnet hat, der durch Adams Ungehorsam verschlossen war: „Wie es also durch die Übertretung eines einzigen für alle Menschen zur Verurteilung kam, so wird es auch durch die gerechte Tat eines einzigen für alle Menschen zur Gerechtsprechung kommen, die Leben gibt. Wie durch den Ungehorsam des einen Menschen die vielen zu Sündern wurden, so werden auch durch den Gehorsam des einen die vielen zu Gerechten gemacht werden" (Röm, 5,18f.)

Es ist gut, sich diesen biblischen Zusammenhang zu vergegenwärtigen, um nicht zu übersehen, dass Gottes Gnade es ist, die den Menschen zur Umkehr bewegt und auf diesem Weg voran bringt. Der heilige Benedikt weiß sehr wohl, ohne es immer eigens zu betonen, *„dass das Gute nicht durch eigenes Können, sondern durch den Herrn geschieht"* (RB Prol 29). Diese Stelle im Regelprolog ruft also die Situation des Menschen an sich in Erinnerung, seine Untreue und Sünde und das Heilshandeln Gottes in Jesus Christus, durch den wir erlöst sind. Durch ihn haben wir Zugang zum Vater (vgl. Eph 2,18). Er, Christus, zeigt uns, dass Gott uns liebt und dass wir für ihn wichtig sind. Mit den Worten Benedikts: „In seiner Güte zeigt uns der Herr den Weg des Lebens" (RB Prol 20). Dieser *„Weg des Lebens"*, der zurück zum Vater führt, setzt Umkehr voraus, und vorher noch etwas anderes, nämlich die Einsicht, dass ich Umkehr nötig habe. Diese Erkenntnis scheint gar nicht so selbstverständlich zu sein. Vielleicht ist sie es bei vielen gerade noch in einem allgemeinen Sinne: Ich könnte mir bisweilen etwas mehr Mühe geben. Oder: Ich bin halt nicht immer, wie ich sein sollte. Dagegen geht die Bibel davon aus, dass jeder Mensch die Umkehr nötig hat. Jesus beginnt seine Predigt mit den Worten: „Kehrt um, und glaubt an das Evangelium!" (Mk 1,15). Er konfrontiert uns dann auch ganz konkret mit unserer verkehrten Situation, wenn er sagt: „Von innen, aus dem Herzen des Menschen, kommen die bösen Gedanken, Unzucht, Diebstahl, Mord,

Ehebruch, Habgier, Bosheit, Hinterlist, Ausschweifung, Neid, Verleumdung, Hochmut und Unvernunft" (Mk 7,21f.). Die Umkehr setzt bei einem in sich verschlossenen, egoistischen Leben an. Wer immer nur mit sich selber beschäftigt ist und nur um sich selber kreist, der ist für seine Mitmenschen ungut, der verhält sich ihnen gegenüber gleichgültig und handelt, wenn es sein Eigeninteresse erfordert, auch böse. Diese Einsicht in die eigene, ganz persönliche Situation, die bereits ein Werk der Gnade Gottes ist, ist der Ausgangspunkt der Umkehr.

Wohin aber führt sie? Benedikt sagt ganz einfach: „Zu dem, den du verlassen hast." Alles Böse in der Welt, alle Problematik des Zusammenlebens der Menschen ist letzten Endes Resultat der Entfernung von Gott. Die Bibel erzählt diese Wirklichkeit mit eindringlichen Bildern: Nachdem Adam und Eva Gottes Gebot übertreten hatten, versteckten sie sich vor ihm (Gen 3,8–10), und gleich nach der Vertreibung aus dem Paradies erschlug Kain seinen Bruder Abel (Gen 4,8). Die Umkehr hat also einen doppelten Aspekt: Sie zielt die Änderung des Menschen von Grund auf an, und sie führt wieder in die Nähe Gottes, heim zum Vater. Entsprechend heißt es in der Bergpredigt: „Liebt eure Feinde und betet für die, die euch verfolgen, damit ihr Söhne eures Vaters im Himmel werdet" (Mt 5,44f.). Das bedeutet: Wenn der Mensch die Umkehr tut, nähert er sich Gott wieder an, von dem er sich durch die Sünde entfernt hatte. Gott schenkt ihm die verlorene Kindschaft wieder. Benedikt hat für diese Wirklichkeit das Bild vom „*Wohnen in Gottes Reich und in seinem Zelt*" (RB Prol 22) und nennt das Kloster als Ort der Umkehrwilligen „*Haus Gottes*" (RB 31,19) In seinem Buch „Vom Gottesstaat" (11,28) beschreibt der heilige Augustinus den Weg der Rückkehr des Menschen zu Gott sehr sensibel

– vielleicht hat Benedikt diese Stelle sogar gekannt. Augustinus fordert: „In uns selbst wollen wir Gottes Bild erkennen und wie der jüngere Sohn im Evangelium in uns gehen, uns erheben und zurückkehren zu dem, von dem wir uns durch die Sünde entfernt hatten. Dort wird unser Sein den Tod nicht kennen, unser Wissen nicht den Irrtum, unsere Liebe keinen Anstoß." Augustinus verknüpft hier zwei Bibelstellen. Er erinnert daran, dass Gott den Menschen nach seinem Bilde schuf (Gen 1,27) und lässt das Gleichnis vom verlorenen Sohn anklingen, der seinen Vater verlässt und in ein fernes Land zieht (Lk 15,11–32). Was Augustinus sagen will, ist Folgendes: Durch die Sünde wird die Gottebenbildlichkeit des Menschen getrübt. Der Mensch entfernt sich von Gott, in dessen Nähe zu leben er doch berufen ist. Er handelt eigenwillig und damit rücksichtslos und lieblos. Er betrübt Gott, seinen Vater. Den Weg der Umkehr beschreibt Augustinus als Erkenntnisprozess. Man muss sich erinnern wie der verlorene Sohn, der in sich geht und an seinen Vater denkt: „Wie viele Tagelöhner meines Vaters haben mehr als genug zu essen, und ich komme hier vor Hunger um." Der erste Schritt der Umkehr besteht darin, dass der Mensch an das denkt, was das Ursprüngliche ist: Gott hat mich nach seinem Bild geschaffen; in mir ist Gott. Dem folgt die Tat: Man muss sich erheben, das heißt die verkehrte Lebensweise hinter sich lassen, und zu Gott zurückkehren.

Wer das tut, ist wieder zu Hause beim Vater, lebt bereits das neue Leben, das Christus uns durch Tod und Auferstehung erwirkt hat, und kennt den Tod nicht mehr. Sein Leben ist schon ans Ziel gekommen. Er darf die Früchte seiner Umkehr genießen, was natürlich nicht vordergründig zu verstehen ist, wie man irgendetwas Materielles genießt. Aber es ist auch nicht nur geistig oder innerlich zu verstehen. Wenn Augustinus sagt, dass „dort unser Sein den Tod nicht kennt", dann will dies bedeuten, dass in der konsequenten Umkehr die Grenze des Todes überschritten wird und etwas wirklich Neues beginnt. Die Errettung aus dem Tod meint nicht nur das künftige ewige Leben, sondern auch jetzt schon erfülltes Leben und tiefes Glück. Wer umkehrt, kann schon in diesem irdischen Leben ein größeres Leben beginnen. Das beruht vor allem auf dem gläubigen Wissen um Gottes liebende Nähe, die uns in jeder Situation geschenkt ist. Benedikt führt in diesem Zusammenhang den heiligen Paulus an: „Alles überwinden wir durch den, der uns geliebt hat" (RB 7,39; Röm 8,37). Dann aber besteht dieses Neue in der Freiheit vom Ich, in der selbstlosen Zuwendung zum Mitmenschen und in dem neuen Miteinander, das nun möglich ist. „Sie sollen einander in gegenseitiger Achtung zuvorkommen; ihre körperlichen und charakterlichen Schwächen sollen sie mit unerschöpflicher Geduld ertragen; im gegenseitigen Gehorsam sollen sie miteinander wetteifern; keiner achte auf das eigene Wohl, sondern mehr auf das des andern; die Bruderliebe sollen sie einander selbstlos erweisen" (RB 72, 4–8).

Das ist Benedikts Vision. Er kann das auch ganz schlicht formulieren: „Niemand soll verwirrt und traurig werden im Hause Gottes" (RB 31, 19) Positiv ausgedrückt: Friedvoll und froh wird das Leben, wenn man zu Gott heimgefunden hat.

Schauen wir uns Benedikts Wort von der Rückkehr zu Gott aber noch genauer an. Was ist gemeint, für mich heute, wenn es heißt, dass der Mensch Gott verlassen hat? Einmal sicher, wenn wir an die Erzählung vom Sündenfall im Buch Genesis und an den Römerbrief denken, dass auch mein Leben wie das aller Menschen von der Sünde gezeichnet ist. Unschwer erkenne ich bei vorurteilsfreiem Blick, besonders in gewissen Situationen, eine Neigung zum Bösen in mir: die Versuchung, auf Freundlichkeit und Herzlichkeit mit Abwehr zu reagieren, weil mir irgendetwas nicht passt; den Impuls, dem anderen durch bestimmte Bemerkungen bewusst weh zu tun; die Lust, Freude und Harmonie zu stören, weil mich irgendetwas sticht. In solchen Situationen sind wir fern von Gott, durch eigene Schuld. Wir verlassen ihn, der nach einem Wort des Apostels Johannes die Liebe ist: „Gott ist die Liebe, und wer in der Liebe bleibt, bleibt in Gott, und Gott bleibt in ihm" (1 Joh 4,16).

Nun nennt aber Benedikt als Grund dafür, dass wir Gott verlassen haben, die Trägheit des Ungehorsams. Ungehorsam kennzeichnet hier den Gegensatz zu Gott, meint nicht wollen, was er will. Trägheit besagt Unlust, Desinteresse, Gleichgültigkeit. Gott bedeutet uns dann nicht einmal mehr so viel, dass wir uns zu einer Entscheidung aufraffen, zu einem klaren Ja oder Nein. Wir lassen uns treiben und nehmen die Dinge, wie sie kommen, weichen dem Unbequemen aus und suchen allein das, was vordergründig Befriedigung verschafft. Trägheit ist ein unmerkliches Abgleiten, anders als ein Abfallen infolge eines schweren Fehlverhaltens oder einer klaren Gegenentscheidung. Die Trägheit bewirkt, dass wir uns unversehens von Gott entfernen, etwa indem wir falsche Prioritäten setzen, die sich auf die gesamte Lebenseinstellung und Lebensführung entsprechend auswirken. Wenn Jesus in der Bergpredigt sagt: „Ihr könnt nicht Gott dienen und dem Mammon" (Mt 6,24), dann hat er eine solche verkehrte Einstellung im Blick.

Fast könnte man sagen, es kommt von selber so, weil wir nicht achtgeben und nicht bewusst leben. Irgendwann sind gewisse Dinge, Vorlieben, Annehmlichkeiten und Bedürfnisse wichtiger als Gott. Wir müssen feststellen, oder vielleicht merken wir es auch gar nicht mehr, weil wir uns nicht Rechenschaft geben, dass wir unsere erste Liebe verlassen haben (vgl. Offb 2,4).

Solche Trägheit des Ungehorsams könnte auch heute das Leben mancher Zeitgenossen kennzeichnen; denn viele Menschen fragen nicht nach Gott, weil sie instinktiv wissen, dass dies Konsequenzen hätte und sie dann ihr Leben ändern müssten. Als dem Namen nach Gläubige leben viele doch so, als ob es Gott nicht gäbe, aus dem einfachen Grund, weil sich gott-los leichter leben lässt. Denn Gott kann ja wirklich unbequem sein, er kann mir in die Quere kommen und mir keine Ruhe lassen. Solche „Gottlosigkeit“ kann subtile Formen annehmen, sie kann als Frömmigkeit getarnt daherkommen und Gott unentwegt im Munde führen. Sie findet sich daher auch in allen kirchlichen Kreisen und bei solchen, die sich der Sache Gottes professionell angenommen haben. Sie ist, so kann man sagen, überall da gegenwärtig, wo Gott nicht die Mitte ist, und wo Entscheidungen getroffen werden und gehandelt wird ohne ihn. Nicht von ungefähr lautet die Frage des Paulus nach seiner Bekehrung: „Herr, was soll ich tun?“ (Apg 22,10).

Wir verstehen jetzt auch, warum Benedikt von der Mühe des Gehorsams spricht, durch die wir zu Gott zurückkehren. Denn ohne Gott lässt sich scheinbar ganz gut leben, so dass er uns schließlich gar nicht mehr fehlt. Es kostet dann ungeheure Mühe, sich wieder für ihn zu öffnen, ihm Raum zu geben im Leben, auf seine Stimme zu hören und ihn wieder ganz neu den Herrn sein zu lassen.

Wie kann nun diese Rückkehr zu Gott konkret vor sich gehen? Benedikt sagt, dass sie sich in der Mühe des Gehorsams vollzieht. Gehorsam kennzeichnet die Beziehung zu Gott. Er meint das nicht immer leichte Leben unter dem Anspruch Gottes, der sich kundtut und uns zu verstehen gibt, was er von uns will. Freilich ist der Wille Gottes nicht immer klar zu erkennen. Dann heißt es beten wie der Apostel Paulus: „Herr, was soll ich tun?“, und vertrauen, dass Gott mir ein Zeichen gibt. Die Rückkehr selbst vollzieht sich in einer neuen Entscheidung für Gott. Sie ist radikal zu nennen, denn in ihr stellen wir Gott über alles, und uns selber unterstellen wir seinem heiligen Willen. Dass die Rückkehr zu Gott sich in einem veränderten Lebensstil ausdrückt, versteht sich von selbst. Wer Gott ganz neu begegnen durfte, kann nicht mehr leben wie bisher. Er oder sie ist selber neu geworden.

Aber auch das Zusammenleben bekommt eine neue Qualität. Wer zu Gott zurückgefunden hat, der sieht auch den Mitmenschen ganz anders, als Bruder, als Schwester, genau wie ich auf Annahme durch Gott angewiesen und ebenso wie ich durch Gottes Gnade beschenkt. Im Regelkapitel „Die Werkzeuge der geistlichen Kunst“ verdeutlicht der heilige Benedikt dies. Er verlangt: „Nach einem Streit noch vor Sonnenuntergang zum Frieden zurückkehren“ (RB 4,73). Da taucht es nun wieder auf, das Wort von der Rückkehr. Was liegt näher, als zu sagen: Wer zu Gott zurückkehrt und ihn finden darf, der findet auch in ganz neuer Weise, und immer wieder neu, Zugang zu seinem Nächsten.

Sehnsucht nach Gott

Wir kennen das berühmte Wort des heiligen Augustinus: „Ruhelos ist unser Herz, bis dass es Ruhe findet in dir“ (Conf. 1,1). Augustinus beschreibt damit seinen eigenen Weg der Gottsuche. Doch kann man sagen, dass dieses Wort gültig ist für jeden Menschen und seine ewige Bestimmung. Der Dichter Angelus Silesius (1624–1677) konnte sich gut in den heiligen Augustinus einfühlen, wie sein Lied „Ich will dich lieben, meine Stärke“ zeigt. Da heißt es: „Ich lief verirrt und war verblendet, ich suchte dich und fand dich nicht, ich hatte mich von dir gewendet, und liebte das geschaffne Licht.“ Das ist die Tragik des Menschen auch unserer Zeit, dass er sein Glück anderswo sucht als in Gott.

Man kann wohl ohne Übertreibung sagen, dass wir Menschen den Glauben brauchen, um zu leben. Davon haben wir alle eine tiefe Ahnung. Im Menschen schlummert, oft vergessen, eine geradezu maßlose Sehnsucht nach Erfüllung und Vollendung seiner tiefsten Lebenssehnsucht. Diesen Schrei nach „Leben in Fülle“ (vgl. Joh 10,10) kann niemand in sich völlig ersticken. Er bricht immer wieder hervor. Gerade unsere Zeit ist gekennzeichnet von einem regelrechten Lebenshunger. Aber das Problem ist, dass wir ihn stillen wollen mittelmäßigen und fragwürdigen Lebenwirklichkeiten: mit materiellen Dingen, durch Karriere und Prestige, oder auch durch Menschen, die wir dann geradezu dafür in Beschlag nehmen. Hier liegt vielleicht der tiefste Grund, weshalb sich heute so viele in Beziehungen stürzen, die von vorne herein zum Scheitern verurteilt sind, oder jede echte Beziehung meiden aus Angst, dass sie doch nicht trägt. Die Hast, mit der wir hinter Dingen und Menschen herjagen, hat etwas geradezu Destruktives, Selbstzerstörerisches. Spürbar macht sich darum Enttäuschung breit, eine ganz tiefe Enttäuschung, vielleicht kann man auch sagen: Verzweiflung am Leben, weil es so nicht klappt.

Es kann so aber auch nicht klappen, denn Erfüllung, wirkliche Erfüllung der Sehnsucht des Menschen, wahre Stillung seines Lebenshungers kann nur der geben, der gesagt hat: „Ich bin das Leben“ (Joh 14,6), nämlich Jesus Christus.

Das Augustinuswort, das ich eingangs zitiert habe, hat noch einen wichtigen Vorsatz: „Geschaffen hast du uns zu dir hin.“ Und darum gilt: „Unruhig ist unser Herz, bis dass es Ruhe findet in dir.“ Augustinus knüpft hier an den Schöpfungsbericht der Bibel an, wo es heißt: „Gott, der Herr, formte den Menschen aus Erde vom Ackerboden und blies in seine Nase den Lebensatem. So wurde der Mensch zu einem lebendigen Wesen“ (Gen 2,7). Also kommt der Mensch von der Erde und ist auch der Erde verhaftet und ihren Bedingungen unterworfen. Aber das ist nur die eine Seite. Die andere ist seine Beziehung zu Gott, die in diesem biblischen Bild zum Ausdruck kommt, so dass man fast sagen kann, dass der Mensch „Atem Gottes“ ist. Von daher ist er „gottfähig“ (capax dei), wie die Alten sagten. Er steht vor Gottes Angesicht und ist in einer ganz besonderen Weise auf ihn hin ausgerichtet. Seine Beziehung zu Gott hat etwas Direktes. Das zu sehen, ist sehr wichtig; denn damit hängt die Einzigartigkeit und Würde des Menschen zusammen und auch seine wahre Bestimmung. Auf Gott hin ist der Mensch, und wenn er das nicht sieht und anerkennt, geht er auf tragische Weise in die Irre. Es könnte gerade heute in der besonderen Verantwortung von uns Christen liegen, darauf aufmerksam zu machen und es den Menschen zu zeigen.

Wir erleben gegenwärtig in gewisser Weise eine Selbstdegradierung des Menschen, eine „Entmenschlichung" könnte man auch sagen, indem er oft unter seinem Niveau lebt. Das kommt daher, dass er Gott immer mehr aus dem Blick verliert. Damit geht dann einher eine fast zwanghafte Entsakralisierung, die sich gegen alles richtet, was noch irgendwie auf Gott hinweisen könnte. Gerade im gesellschaftlichen und öffentlichen Leben kann man das bemerken. Ein Tischgebet in einem öffentlichen Lokal wagt kaum noch jemand.

Und kürzlich las ich in einer bekannten Tageszeitung den Artikel eines Heidelberger Namenforschers, der sich mit der steigenden Beliebtheit biblischer und christlicher Vornamen befaßte. Sogar der Name Jesus sei von einem deutschen Gericht anerkannt und genehmigt worden. Dann stellt er fest: „Im Einzelfall mag hinter solcher Namensgebung echte Religiosität stehen, aber die Zunahme biblischer Namen steht in krassem Widerspruch zur Zahl der Taufen, der Kirchenaustritte und der Kirchenbesucher, so dass hinter der scheinbaren Rechristianisierung unserer Vornamengebung eine andere Tendenz zu vermuten ist: Jetzt werden selbst die mit der Aura christlicher Herkunft behafteten Namen entkonfessionalisiert, profanisiert, säkularisiert" (Wilfried Seibicke, FAZ 3. 11. 2001). Der Mensch ist offenbar bestrebt, außerhalb jeder Sakralität zu leben, weil er meint, dann mehr „Mensch" zu sein.

Dem steht andererseits folgende Erfahrung gegenüber: Es lässt sich eine zunehmende Religiosität feststellen, die sich vornehmlich an fernöstlichen Religionen festmacht. Meistens ist es Religiosität ohne Gott. Viele Menschen suchen das Gefühl, das mit Religion verbunden ist; auf Gott, so wie ihn uns die Bibel offenbart, meinen sie verzichten zu können. Vielleicht lässt sich sogar sagen, dass es Zeitgenossen gibt, die bestrebt sind, ihn sich vom Leibe zu halten, weil er unbequem werden könnte.

Doch drückt sich in diesen Tendenzen nicht doch wieder die große Sehnsucht des Menschen nach Gott aus? Fast möchte man sagen: verzweifelt in all ihrer Hilflosigkeit. Und wäre es nicht Sache von uns Christen, hier Hilfe zu leisten im Sinne eines klaren Zeugnisses unseres Glaubens? „Seid stets bereit, jedem Rede und Antwort zu stehen, der nach der Hoffnung fragt, die euch erfüllt!" (1 Petr 3,15). Die Zeitgenossen heute fragen freilich meist nicht sehr direkt, eher versteckt, manchmal geradezu verschämt; nicht selten kann auch hinter Aggression und Häme eine drängende Frage stehen.

Im Apostolischen Schreiben „Orientale Lumen" Papst Johannes Pauls II. von 1995 stehen bemerkenswerte Aussagen über das Mönchtum, darunter auch der folgende Satz: „Das Kloster ist der prophetische Ort, an dem die Schöpfung zum Lobpreis Gottes und das konkret gelebte Gebot der Nächstenliebe zum Ideal menschlichen Zusammenlebens wird und wo der Mensch Gott ohne Schranken und Hindernisse sucht, ein Ort, der so zum Bezug für alle wird, sie im Herzen trägt und ihnen bei der Gottsuche hilft" (Nr. 9). Ein wunderbarer Satz! Vor allem weil es heißt, dass eine Ordensfrau oder ein Ordensmann alle „im Herzen trägt und ihnen bei der Gottsuche hilft".

So ist das Kloster der Ort und das Zeichen der Gottessehnsucht, einer Gottessehnsucht, die die anderen mit einbezieht und in gewisser Weise stellvertretend ist. Hier möchte ich ein Zitat des heiligen Augustinus anführen: „Desiderium sinus cordis est." Sinngemäß lässt sich übersetzen: „Die Sehnsucht gibt dem Herzen Tiefe." Nach Augustinus richtet sich *die* Sehnsucht des Menschen nach Gott. Das heißt, nur wer dieser Sehnsucht Raum gibt, wird im Vollsinn Mensch.

In der Benediktsregel kommt ganz deutlich zum Ausdruck, dass der heilige Benedikt den Mönch von der Sehnsucht her versteht und geradezu so definiert. Dabei fühlt er sich angesprochen, ja angezogen von Gott. Er hört „die Stimme des Herrn, der uns einlädt" (RB Prol 19). Und wenn er sich von Gottes Wort wirklich erreichen lässt, entsteht Gehorsam, das meint ein Hören, welches das Leben verändert und es für die anderen fruchtbar werden lässt. Das ist letztlich der Grund, weshalb uns Gottes Wort Tag für Tag nährt. Es ist Gottes Wort, das uns mit Sehnsucht erfüllt und uns Gott suchen lässt jeden Tag neu: „Stimme des Herrn, der uns einlädt."

Wir dürfen diese Sehnsucht nach Gott aber nicht mit einem vagen und allgemeinen Gefühl verwechseln, wie das leicht geschieht. Das führt in religiöse Spielerei und schließlich in Unzufriedenheit hinein. Die Gottessehnsucht ist konkret: „Das ewige Leben mit allem geistlichen Verlangen ersehnen", heißt es (RB 4,46). So wird deutlich, wie wir nach Gott, unserem letzten Ziel, streben. Menschliches Leben ist auf das ewige Leben ausgerichet mit aller Konsequenz. Es macht deutlich, dass dieses Leben nur etwas Vorläufiges ist und uns nie ganz genügen kann. Dahinter steht der Gedanke, dass der Mensch in der Sphäre Gottes beheimatet ist und sein Menschsein nur dann voll verwirklicht, wenn er dahin unterwegs ist. Die Dinge, ja auch die Menschen können ihm letztlich nicht genügen. „Dort angelangt, werde ich wirklich Mensch sein", hat der heilige Ignatius von Antiochien vor seinem Martyrium gesagt (Brief an die Römer, 6). Ein solches Wort spricht uns auch heute noch an und hat Kraft, weil es so wesentlich ist.

Wie gesagt, es geht nicht um unbestimmte Gefühle, die ins Leere laufen. So ist der heilige Benedikt in seiner Regel ganz praktisch, wenn er sagt: „Wollen wir im Zelt seines Reiches wohnen, dann müssen wir durch gute Taten dorthin eilen, anders kommen wir nie ans Ziel" (RB Prol 22).

Zuerst gibt er der Sehnsucht ein klares Ziel: Gott und das ewige Leben. Gleichzeitig scheidet er damit alles aus, was nicht zu diesem Ziel und seiner Verwirklichung passt. „Gott in Wahrheit suchen" (RB 58,7) heißt ihn allein suchen und sich diesbezüglich immer wieder korrigieren und korrigieren lassen. Im Kloster ist das die verantwortungsvolle und schwierige Aufgabe der Oberen. „Sie haben das Verlangen, dass ein Abt ihnen vorstehe." (RB 5,12); da ist sie wieder, die Sehnsucht. Wozu soll ein Abt sonst gut sein, als den ihm Anvertrauten immer wieder auf den Weg der entschiedenen Gottsuche zurückzuhelfen?

Benedikt gibt der Sehnsucht nach Gott aber auch eine klare Form. Er nennt das Kloster „Werkstatt", in der sogfältig gearbeitet wird (vgl. RB 4,78). Dahinter steckt sehr viel Erfahrung, eben dass Gott mit Ernst und Konsequenz im konkreten Alltag, so wie er sich für mich ergibt, gesucht und gefunden werden will. Gerade hier rührt der Mensch an Gott. Im geduldigen Umgang mit sich selbst und mit den anderen erfährt er Gottes nie versiegende Barmherzigkeit (vgl. RB 4,74).

Wer das Wortverzeichnis zur Benediktsregel durchschaut, entdeckt, dass das Wort „desiderium – Sehnsucht, Verlangen“ eine doppelte Bedeutung hat. Die eine, positive, haben wir schon betrachtet. In ihr streckt sich der Mensch, von Gottes Gnade angezogen, nach Gott und dem ewigen Leben aus. Diese Sehnsucht nennt Benedikt geistlich (spiritale desiderium, RB 49,7). Aber es ist auch wichtig, die negative Bedeutung wahrzunehmen: „desideriorum voluptas – das Verlangen der Begierden“ (RB 1,8), die Begierden des Fleisches (RB 4,59), die Gelüste (RB 5,12), kurz: die böse Begierde (malum desiderium, RB 7,24). Sie steht der postiven Sehnsucht im Weg und hält uns von Gott ab. Sie ist stark und hartnäckig und kann uns sehr zu schaffen machen. Die Bibel hat diesbezüglich eine sehr realistische Sicht. Im ersten Kapitel des Römerbriefes berichtet Paulus von Menschen, die in ihren Begierden und Leidenschaften gefangen sind (Röm 1,18–32). In dieser Schilderung kann man auch gewisse Züge des Menschen unserer Zeit erkennen. Immer wieder sind es die negativen Sehnsüchte, die Begierden, die den Menschen von Gott wegziehen. Benedikt sagt dazu unmissverständlich: „Die Begierden des Fleisches nicht befriedigen“ (RB 4,59), worunter wir alles verstehen sollen, was uns von Gott abhält, gerade auch so viele scheinbare Kleinigkeiten, die oft genug eine sehr subtile Wirkung haben.

Wie gehen wir mit den negativen Sehnsüchten um? Benedikt sagt es: Sie nicht befriedigen, das heißt, sich ihre Erfüllung versagen. Das ist der große Bereich der Askese, des Verzichtes und des Opfers. Daran kommt nicht vorbei, wer „Gott schauen“ will (vgl. RB Prol 21).

Die Sehnsucht nach Gott ist etwas Großes. Gott selber hat sie uns ins Herz gegeben. Beim Propheten Jesaja heißt es: „Meine Seele sehnt sich nach dir in der Nacht, auch mein Geist ist voll Sehnsucht nach dir“ (Jes 26,9).

Damit will er zeigen, wie sich der ganze Mensch immer und jederzeit nach Gott ausstrecken, nach ihm verlangen soll. Die Sehnsucht des Menschen nach Gott hat etwas Maßloses, und das ist von Gott so gewollt. „Gott in Wahrheit suchen", fordert der heilige Benedikt. Die Frage ist, wie wir mit dieser Gabe Gottes in uns umgehen. Wir können die Gottessehnsucht offensichtlich auch auf Sparflamme halten. So ist unsere Berufung zum christlichen Leben allerdings nicht gemeint. Wir sollen diese Sehnsucht in uns nähren und ständig neu entfachen, dafür sorgen, dass sie stark und immer stärker wird. Wie geht das? Der heilige Benedikt spricht nachdrücklich vom Leben in Gottes Gegenwart. Er meint damit, dass unser Leben in allem und jedem auf Gott hin ausgerichtet sein soll. Diese Ausrichtung müssen wir ständig leben, in unserem Beten und Arbeiten und überhaupt in allem, was wir tun. Nichts und nie etwas ohne Gott. Unter diesem Anspruch steht unser Leben.

Gott suchen

Der Begriff der Gottsuche ist in der geistlichen Literatur zu einer festen Größe geworden, um das Streben des Menschen nach Erfüllung, die er letztlich nur in Gott finden kann, zu bezeichnen. Charakteristisch ist das schon erwähnte Wort des heiligen Augustinus in seinen *Bekenntnissen*: „Denn geschaffen hast du uns zu dir, und ruhelos ist unser Herz, bis dass es seine Ruhe hat in dir." Augustinus spricht hier im ersten Buch der Bekenntnisse von seiner rastlosen Gottsuche vor seiner Bekehrung. Später dann ist die Gottsuche Ausdruck der fortschreitenden Vertiefung und Heiligung des Lebens. Wer Gott „gekostet" hat, der muss ihn immerfort suchen, bis zur seligen Gottesschau des Himmels.

Die Gottsuche prägt das menschliche Leben und gehört wesentlich zur monastischen Lebensform, nicht „von Berufs wegen", sondern existentiell; gerade das ist das Entscheidende. Es ist beeindruckend, wie präzise und kompromisslos der heilige Benedikt die Berufung zum Ordensleben und den Sinn dieses Lebens überhaupt auf den Punkt bringt: „Ob er wirklich Gott sucht" (RB 58,7). „Mann Gottes – vir dei" heißt der Mönch (vgl. Gregor, Dialoge II), was besagen soll, dass er sein Leben ohne Abstriche Gott geweiht hat.

Der Begriff der Gottsuche, der in der Hagiographie und im spirituellen Schrifttum eine wichtige Rolle spielt, ist biblischen Ursprungs. Es ist hilfreich, sich dieser biblischen Herkunft zu vergewissern, um zu erfassen, was er letztlich besagen will.

Ursprünglich bedeutet „Gott/Jahwe suchen“ Gott befragen. Man begab sich zum Offenbarungszelt, später in den Tempel, und befragte Jahwe in der Regel durch den Priester oder einen Propheten. So heißt es Ex 33,7: „Mose nahm das Zelt und schlug es für sich außerhalb des Lagers auf, in einiger Entfernung vom Lager. Er nannte es Offenbarungszelt. Wenn einer den Herrn aufsuchen wollte, ging er zum Offenbarungszelt vor das Lager hinaus.“ Doch kann man Gott auch in falscher, unaufrichtiger Weise suchen, sozusagen nur zum Schein. So heißt es bei Jesaja: „Sie suchen mich Tag für Tag; denn sie wollen meine Wege erkennen.“ Aber es stellt sich heraus, dass dies kein echtes Gott-Suchen ist, weil ihm die Lebensführung nicht entspricht (Jes 58,2ff.). Was unbedingt dazu gehört, sagt Jer 29,13f.: „Sucht ihr mich, so findet ihr mich. Wenn ihr von ganzem Herzen nach mir fragt, lasse ich mich von euch finden.“ Mehr und mehr wird der Begriff der Gottsuche dann verinnerlicht. Davon zeugen die Psalmen, etwa Ps 24,3–6: „Wer darf hinaufziehn zum Berg des Herrn, wer darf stehn an seiner heiligen Stätte? Der reine Hände hat und ein lauteres Herz, der nicht betrügt und keinen Meineid schwört. Er wird Segen empfangen vom Herrn und Heil von Gott, seinem Helfer. Das sind die Menschen, die nach ihm fragen, die dein Antlitz suchen, Gott Jakobs.“ Oder Ps 34, der auch in der Benediktsregel zitiert wird: „Ich suchte den Herrn, und er hat mich erhört, er hat mich all meinen Ängsten entrissen ... Reiche müssen darben und hungern; wer aber den Herrn sucht, braucht kein Gut zu entbehren ... Wer ist der Mensch, der das Leben liebt, und gute Tage zu sehen wünscht? Bewahre deine Zunge vor Bösem und deine Lippen vor falscher Rede! Meide das Böse, und tu das Gute; suche Frieden, und jage ihm nach!" (Ps 34,5.11.13–15). Das wahre Gottsuchen geschieht in der Reinheit des Herzens, in Demut, Armut und Gerechtigkeit: „Liebt Gerechtigkeit, ihr Herrscher der Erde, denkt in Frömmigkeit an den Herrn, sucht ihn mit reinem Herzen!" (Weish 1,1). „Sucht den Herrn, ihr Gedemütigten im Land, die ihr nach dem Recht des Herrn lebt. Sucht Gerechtigkeit, sucht Demut! Vielleicht bleibt ihr geborgen am Tag des Zornes des Herrn" (Zef 2,3). Sehr anregend für die Spiritualität, die jüdische und dann die christliche, waren bestimmte Aussagen des Hohenlieds: „Des Nachts auf meinem Lager suchte ich ihn, den meine Seele liebt. Ich suchte ihn und fand ihn nicht. Aufstehen will ich, die Stadt durchstreifen, die Gassen und Plätze, ihn suchen, den meine Seele liebt" (Hld 3,1f.).

Das ist aber nach dem Zeugnis der Bibel nur möglich, weil Gott zuerst nach dem Menschen gefragt und ihn gesucht hat. Gottes Suchen nach dem Menschen beginnt im Paradies, nach dem Sündenfall, als er Adam rief: „Wo bist du?" (Gen 3,9), und findet seinen Höhepunkt in der unermüdlichen Liebe seines Sohnes, „der gekommen ist, um zu suchen und zu retten, was verloren ist" (Lk 19,10).

Auf diesem biblischen Hintergrund verdeutlicht die Benediktsregel, worin der Sinn unseres Lebens besteht. Nach Gott zu fragen, ihn zu suchen, ihn aufrichtig zu suchen, ihn mit dem ganzen Leben zu suchen – und dabei immer auch die geistige Energie und Vitalität aufzuwenden, die dazu unerläßlich ist. Die Anziehung, die Gott auf den Menschen ausübt, wurde „faszinierend" genannt. Der heilige Augustinus greift dabei auf den Schöpfungsakt zurück: „denn geschaffen hast du uns zu dir". Das ist die umfassend theologische Aussage. Der heilige Benedikt denkt an eine Berufung, in der man auf einen Anspruch Gottes hin sein ganzes Leben in den Dienst Gottes stellt, ein „Mensch Gottes" (vir dei) wird, der alle Lebensbezüge, alle Lebensäußerungen mit Gott in Verbindung setzt. Gott suchen, nach Gott fragen, geschieht nicht nur in bestimmten Situationen, die nach einer klaren Entscheidung verlangen, sondern immer, in jedem Augenblick.

Es ist klar, dass das nichts mit unentwegter Reflexion zu tun hat; es ist etwas, was dem Menschen zur „guten Gewohnheit" wird, wie Benedikt sagen würde: „aus Liebe zu Christus, aus guter Gewohnheit und aus Freude an der Tugend" (RB 7,69). Es geht darum, wie es einmal ein Meister des geistlichen Lebens ausgedrückt hat, „an Gott Gefallen zu finden" (Germain Barbier, En Calcat): „Gefallen an Gott finden bedeutet, mit ihm leben wollen: er mit mir, und ich mit ihm und in ihm. Das ist die Anziehungskraft göttlicher Freundschaft, des wahren Lebens."

Wenn Benedikt das Wort von der Gottsuche so nachdrücklich im Kapitel über die neuen Brüder verwendet – „Man achte darauf, ob der Novize wirklich Gott sucht." –, dann vielleicht deshalb, weil er sagen möchte, dass dieses von Gott Angezogensein, die Faszination Gottes, etwas Grundlegendes ist, das zu einer echten Berufung unbedingt dazugehört; dass es aber auch ein Anfang ist, der auf Entfaltung drängt. Denken wir wieder an Augustinus: „Ruhelos ist unser Herz – bis dass es seine Ruhe hat in dir." Damit ist ein Prozess angedeutet, etwas Dynamisches. Wir dürfen uns nicht irgendwann einmal zufriedengeben; die „Unruhe zu Gott" ist etwas, das eine monastische Berufung in besonderer Weise auszeichnet. Vielleicht darf man sagen, dass Männer und Frauen im Kloster mit ihrer Lebensform deutlich machen, was im Grunde Sache aller Christen, und nicht nur der Christen, ist? Die Gottsuche wurde ein Abenteuer genannt, und ich glaube, der Begriff ist gut geeignet auszudrücken, dass Gott der „semper maior", der immer noch Größere ist, der mich verlockt und herausfordert ihn zu suchen. Die Berufungsperikope Joh 1,35–51 bringt uns diesen Gedanken nahe. Jesus fragt die beiden Jünger, die von ihm fasziniert sind und ihm nachfolgen: „Was sucht ihr?" Sie gehen mit ihm und lassen sich auf das Geheimnis seiner Person ein. „Bei ihm bleiben" ist die Umschreibung für die große Entdeckung ihres Lebens, die die beiden machen, für das Kennenlernen Jesu und Gottes, für das das ganze Leben nicht ausreicht. Jesus selber deutet dies am Ende der Perikope an, wenn er von dem „Größeren" spricht, das auf die wartet, die sich mit ihrem ganzen Leben auf ihn einlassen.

Doch kann der Ausdruck Abenteuer der Gottsuche auch zu Mißverständnissen Anlass geben, etwa derart, dass eine Person ständig etwas „erleben" möchte, und zwar im äußeren Bereich. Wer sich auf die Gottsuche einlässt, wird dagegen mit der Einfachheit des Lebens konfrontiert. Die Erlebnisse sind mehr innerlich. Das Leben gewinnt an Tiefgang. Die drei „o", die der hl. Benedikt im Zusammenhang mit der Gottsuche nennt, „opus dei, oboedientia, obprobria – Gottesdienst, Gehorsam, Widerwärtiges", gehen in diese Richtung. Sie weisen auf eine innere Dynamik hin, die darin besteht, nicht möglichst viel zu tun, sondern unter Gottes Wirken etwas zu sein bzw. zu werden, ein von Gott ergriffener, gotterfüllter Mensch.

Nach Benedikt wird dieser innere Wachstumsprozess vor allem begünstigt durch den Gottesdienst, den Gehorsam und das Ertragen von Widerwärtigem. Der lateinische Ausdruck für Gottesdienst, opus dei, lässt an ein zweifaches denken: an unseren Dienst vor Gott bei der Feier der Liturgie, aber auch an Gottes Werk in dem Menschen, der Gottesdienst feiert, im einzelnen und in der Gemeinde. Im Gottesdienst baut Gott den einzelnen und die Gemeinde auf, er gestaltet um, und jede Person und die Gemeinde lässt dieses Werk Gottes an sich geschehen und sieht es als unerlässlich an. Der Gehorsam richtet sich letztlich auf Gott in Anlehnung an den Gehorsam Jesu, der gesagt hat: „Ich bin nicht gekommen, meinen Willen zu tun, sondern den Willen dessen, der mich gesandt hat" (Joh 6,38). Bei den Widerwärtigkeiten setzen wir uns dem aus, was uns von Natur aus zuwider ist und was wir freiwillig nicht suchen würden. Die Tradition lehrt uns, dass dies ein Weg ist, um wirklich Gott zu erfahren. Wer sich darauf eingelassen hat, kann das nur bestätigen. Die monastische Erfahrung berührt sich hier wieder einmal mit der biblischen: „Gott tritt den Stolzen entgegen, den Demütigen aber schenkt er seine Gnade" (Jak 4,6; 1 Petr 5,5). Gerade hier zeigt sich das „Abenteuerliche" der Gottsuche. Gott schenkt sich völlig unerwartet dem Menschen, der ihn in Demut gesucht hat. „Schaut her, ihr Gebeugten, und freut euch; ihr, die ihr Gott sucht: euer Herz lebe auf", heißt es Ps 69,33.

Das Thema der Gottsuche lässt sich durch die ganze Benediktsregel verfolgen. Vom Abt wird gesagt, dass er sich wegen eines vielleicht geringen Klostervermögens keine Sorgen machen soll (vgl. RB 2,35). Dann wird die Bergpredigt (Mt 6,33) angeführt: „Sucht zuerst das Reich Gottes und seine Gerechtigkeit, und dies alles wird euch dazugegeben." In solchen Alltagsproblemen wird die Armut und Demut des Gottsuchens angesprochen, die alles nur von dem erwartet, nach dem sie sich ausstreckt. Dieser Sehnsucht ist Erfüllung verheißen. Zugleich wird aber auch eine Priorität aufgestellt: Das Erste des klösterlichen Lebens ist Gott und sein Reich. Darauf zielt nicht nur fromme Reflexion, sondern vor allem die Praxis unseres Lebens. Alles andere rangiert danach. So erweist sich unser Leben der Gottsuche als kompromisslos und ungeheuer anspruchsvoll vom Evangelium her.

Eine andere Stelle findet sich im Kapitel über die Demut (RB 7,26–30). Da geht es um unser Leben in der Gegenwart Gottes. Gott schaut vom Himmel her auf uns, „um zu sehen, ob noch ein Verständiger da ist, der Gott sucht". Diese Stelle handelt von unserer Bereitschaft, unser Leben täglich im Blick auf Gott zu korrigieren. Gott suchen meint hier, sich dem Anspruch Gottes stellen und seinen Erwartungen an uns durch eine passende Lebensführung entsprechen. Tröstlich ist, dass in diesem Zusammenhang von Gottes Güte die Rede ist, mit der er uns schont und uns Zeit lässt.

Die dritte Stelle findet sich im Kapitel 27 über die Sorge des Abtes für die Ausgeschlossenen. Sie hat diesmal nicht unsere Gottsuche zum Thema, sondern zeigt in der Person des Abtes, wie Gott uns Menschen nachgeht und uns sucht. Sie spielt auf Lk 15,4–7 an, das Gleichnis vom verlorenen Schaf. „Der Abt ahme den Guten Hirten mit seinem Beispiel der Liebe nach: Neunundneunzig Schafe ließ er in den Bergen zurück und machte sich auf, um das verirrte Schaf zu suchen. Mit dessen Schwäche hatte er so viel Mitleid, dass er es auf seine heiligen Schultern nahm und so zur Herde zurücktrug" (RB 27,8f.). Wir Menschen könnten Gott nicht suchen, wenn er uns nicht zuvor schon gesucht und gefunden hätte. In seinem Sohn Jesus Christus ist er uns nachgegangen und geht uns immer noch nach. Der Gott des Evangeliums zieht uns Menschen in seinem Erbarmen an sich. In dieser Erkenntnis liegt die ganze Freude unserer Gottsuche begründet.

Weite des Herzens

„Wer aber im klösterlichen Leben und im Glauben voranschreitet, dem wird das Herz weit, und er läuft in unsagbarem Glück der Liebe den Weg der Gebote Gottes" (RB Prol 49).

Dieser Vers ist für mich einer der schönsten und kostbarsten der ganzen Regel. Der heilige Benedikt scheint hier nicht nur monastische Erfahrung im Allgemeinen wiederzugeben, sondern seine ganz persönliche. Diese Regelstelle ist so kostbar, weil sie uns einen Blick ins Herz Benedikts gestattet. Während der Text der Regel sonst ausgeprochen nüchtern gehalten ist, eben „Gesetz, unter dem man Kriegsdienst leistet" (RB 58,10), wird der Ton hier sehr zart, ganz persönlich: Sieh, das ist die Erfahrung, die ich selber gemacht habe und die ich dir nun anvertraue. Das *„unsagbare Glück der Liebe"*, das ein Mensch im Herzen spürt: Solche Formulierungen sucht man sonst in der Regel vergeblich. Gerade für Anfänger im geistlichen Leben ist dieses Wort sehr wertvoll. Es klingt wie eine Verheißung: Wenn du dich einlässt auf das geistliche Leben (conversatio), wenn du Gott, der dich berufen hat, wirklich Glauben schenkst (fides), dann darfst du eine Erfahrung machen, die *„unaussprechlich"* ist, die wir nicht durch Worte mitteilen, sondern die wir nur selbst im Herzen spüren können. Am ehesten lässt sich das Gemeinte wohl an der Persönlichkeit eines im Glauben reif gewordenen Menschen ablesen, der das *„Glück der Liebe"* ausstrahlt. Vom heiligen Romuald († 1027)etwa wird überliefert, dass er „oft von der Schau der Gottheit so fortgerissen wurde, dass er sich gleichsam ganz in Tränen auflöste und in einer unsagbaren Glut der Gottesliebe ausrief: ‚Lieber Jesus, lieber! Mein süßer Honig, meine unsagbare Sehnsucht, du Süßigkeit der Heiligen, du Süße der Engel und ähnliche Worte mehr'" (Petrus Damiani, Vita, PL 144, 983).

Beim Wort vom weit gewordenen Herzen denkt man aber auch unwillkürlich an Benedikts mystische Erfahrung selbst, wie sie Gregor der Große in den Dialogen berichtet: Benedikt befindet sich im oberen Stockwerk eines Turmes, in einem Gebetsraum. Und während er am Fenster steht und betet, hat er eine Vision: „Während er mitten in dunkler Nacht hinaus schaute, sah er plötzlich ein Licht, das sich von oben her ergoss und alle Finsternis der Nacht vertrieb. Es wurde so hell, dass dieses Licht, das in der Finsternis aufstrahlte, die Helligkeit des Tages übertraf. Etwas ganz Wunderbares ereignete sich in dieser Schau, wie er später selbst erzählte: Die ganze Welt wurde ihm vor Augen geführt, wie in einem einzigen Sonnenstrahl gesammelt." Anschließend gibt Gregor in der Sprache der Mystik eine Deutung dieses Geschehens: „Wenn die Seele ihren Schöpfer schaut, wird ihr die ganze Schöpfung zu eng. Hat sie auch nur ein wenig vom Licht des Schöpfers erblickt, wird ihr alles Geschaffene verschwindend klein. Denn im Licht innerer Schau öffnet sich der Grund des Herzens, weitet sich in Gott und wird so über das Weltall erhoben. Die Seele des Schauenden wird über sich selbst hinaus gehoben. Wenn das Licht Gottes sie über sich selbst hinaus reißt, wird sie in ihrem Inneren ganz weit ... Ist es erstaunlich, dass er die ganze Welt vor sich sah, da er durch die Erleuchtung des Herzens über die Welt hinausgehoben war? Wenn er aber, wie gesagt, die ganze Welt als eine Einheit vor sich sah, so wurden nicht Himmel und Erde eng, sondern die Seele des Schauenden wurde weit; in Gott entrückt, konnte er ohne Schwierigkeit alles schauen, was geringer ist als Gott. In dem Licht, das seinen Augen aufleuchtete, erstrahlte in seinem Herzen ein inneres Licht. Weil dieses seinen Geist in den Himmel entrückte, zeigte es ihm, wie eng alles Irdische ist" (Dial II,35,2–3.6–7).

Diese Stelle in den Dialogen ist äußerst bedeutsam. Die Vision ereignet sich kurz vor Benedikts Tod. Gregor hat sein Leben konsequent als Aufstieg geschildert: von der Höhle in Subiaco bis auf den Berg Montecassino. Dieser Weg in die Höhe versinnbildet den Weg des Menschen zu Gott. Im Turmgemach, am Fenster, befindet sich Benedikt auf dem Gipfel seines geistlichen Weges. Er betet in der Nacht, was besagen soll, dass er ein begnadeter Beter war, ja dass sein Leben ganz Gebet geworden war. Die Vision des göttlichen Lichtes ist für ihn eine Vorwegnahme des Himmels, Einbruch göttlicher Herrlichkeit und Fülle in diese enge, begrenzte Welt. Dieses göttliche Licht vertrieb alle Finsternis der Nacht, eine Formulierung, die an das *Exultet* der Osternacht erinnert und dieses mystische Erlebnis als Ostererfahrung deutet. Für Benedikt bedeutet es die Gewissheit, dass Gottes Licht alle Dunkelheit der Welt erleuchtet, dass Gott wirklich da ist in dieser Welt.

Verbunden mit der Lichtvision ist eine andere: „Die ganze Welt wurde ihm vor Augen geführt, wie in einem einzigen Sonnenstrahl gesammelt." Hier geht es um eine neue Sicht der Welt und des Lebens. Das Geschaffene, das Irdische wird nicht abgewertet; es erscheint vielmehr im richtigen Licht: Für die Seele, die an Gott rührt, „wird die ganze Schöpfung zu eng", „alles Geschaffene wird verschwindend klein", und zwar deshalb, weil sich der Grund des Herzens geöffnet hat, sich in Gott geweitet hat und so über die Welt erhoben wird. Die Seele wird über sich selbst hinaus gehoben, sie wird in ihrem Inneren ganz weit; von oben her, das heißt von Gott her, kann sie ermessen, wie klein das ist, was ihr von unten, sprich: aus der rein irdischen Perspektive, unermeßlich schien.

Die Zusammenhänge, die hier in mystischen Kategorien dargestellt werden, sind für unser geistliches Leben sehr wichtig. Es geht da nämlich um nichts anderes, als dass Menschen „Gott schauen", wie es Papst Gregor ausdrückt, heute würden wir vielleicht sagen, dass sie Gott erfahren dürfen. Was hier über Benedikt berichtet wird, ist pure Gnade. Man kann das nicht aus eigener Kraft herbeiführen. Aber man kann Gott unablässig und in Treue suchen. Damit relativiert sich all das, was uns so zu schaffen macht. „Dios solo basta – Gott allein genügt", hat die heilige Teresa von Avila gesagt. Diese konsequente Ausrichtung auf Gott, dieses Sammeln der Seele auf Gott hin, ist das einzig Entscheidende. Auf diese Weise wird das Herz weit, und man ruht in Gott, man läßt die „Dinge" hinter sich, das heißt, sie bekommen den ihnen gebührenden Platz. Sie sind nicht so wichtig. Zurückstehen muss alles, „was geringer ist als Gott". Das ist der geistliche Weg, für den Benedikt mit seinem Leben einsteht.

Schauen wir uns nun die Regelstelle selber näher an. An den Anfang hat der heilige Benedikt ganz betont das Wort vom Voranschreiten gestellt: „Schreitet man aber im klösterlichen Leben und im Glauben voran." Der Vers knüpft an das Bild vom Weg an, das im Regelvorwort öfter vorkommt: „Fliehe nicht vom Weg des Heils, der am Anfang nicht anders als eng sein kann." Für den „Lebensweg“ (V.20) im Kloster gibt uns Benedikt zunächst ganz nüchtern einen Hinweis: Man muss ihn gehen, indem man das für das Klosterleben Übliche, den Alltag, (conversatio) akzeptiert und praktisch übt. Ferner muss man ihn mit Glauben und Vertrauen gehen, wobei im lateinischen Wort fides auch die Treue mitklingt. Darin steckt die ganze Mühsal, die Leben auch bedeuten kann. Aber diese Mühe ist nicht das einzige. Weh dem Menschen, der sich darauf fixiert! Wir dürfen auch immer wieder die Nähe Gottes spüren. Der Glaube weiß, dass Gott da ist und dass der Weg ein Ziel hat und sich lohnt. Ich denke an Jakob, der bei Laban um seine geliebte Rahel diente: „Jakob diente also um Rahel sieben Jahre. Weil er sie liebte, kamen sie ihm wie wenige Tage vor“ (Gen 29,20). Es ist die Gottesliebe, Gottes Liebe zu uns und unsere Liebes-Antwort, die das Schwere leicht werden lässt. Die Liebe steht nicht nur am Ende, gleichsam als Frucht, sondern sie ist von Anfang an mit dabei; ohne sie geht nichts.

Allmählich wird auf diesem Weg das „*Herz weit*“. Wörtlich heißt es: „*dilatato corde – mit weit gewordenem Herzen*“. Offenbar ist das so zu verstehen, dass im treuen Gehen des Weges etwas geschieht. Der Mensch verändert sich von innen her. Der Prozess der Umkehr ist eine innere Verwandlung infolge wachsender Liebe. Der heilige Ambrosius erinnert in seinem Psalmenkommentar an Röm 5,5: „Die Liebe Gottes ist ausgegossen in unsere Herzen durch den Heiligen Geist, der uns gegeben ist“, und sagt: „Der Weg sei eng, das Herz weit, damit es das Innewohnen des Vaters, des Sohnes und des Heiligen Geistes aushalten kann“ (In ps. CXVIII,32, PL 15,1249D). Gott selber ist es, der unser Herz weitet. Das Bild ist Ps 118 (119),32 entnommen: „Ich eile voran auf dem Weg deiner Gebote, denn mein Herz machst du weit." Ziel dieser Weitung des Herzens ist das Innewohnen Gottes, das Benedikt offenbar mit dem *„unsagbaren Glück der Liebe"* andeuten will. Das Herz soll, wie die Alten sagten, capax Dei werden, fähig Gott in sich aufzunehmen.

Interessant ist, wie der Mönchsvater Kassian (360–430) vom weiten Herzen spricht: „Man muss die Herzen weiten und ausdehnen", denn ein enges Herz kann nicht das weite Gebot des Herrn in sich aufnehmen (Conl. 16,27). Man könnte interpretieren: Ein enges Herz mißversteht das Gebot des Herrn, missdeutet es als Last, verkennt seinen Leben ermöglichenden Sinn, sieht darin immer nur Zwang, niemals Freude. Darum kann es auch anderen nicht die Freude Gottes vermitteln, kann sich nicht gemeinsam mit anderen an Gott freuen.

Das Bild vom weiten Herzen klingt aber außer in Ps 118(119) noch in zwei weiteren Bibelstellen an. Die eine ist Ps 4,2: „Du hast mir Weite geschaffen in der Bedrängnis." Hier wird in äußerer und innerer Bedrängnis ein geistlicher Nutzen erkannt (vgl. die zwölf Demutsstufen bei Benedikt). Bedrängnis kann das Herz eines Menschen weit werden lassen, wenn er erkennt, dass Gott ihn gerade dann nicht verlässt. Jesus Christus selber ist hierfür das beste Beispiel, dessen Herz am Kreuz geweitet wurde in unendlicher Liebe. Die andere Stelle ist 2 Kor 6,11: „Unser Mund hat sich für euch aufgetan, Korinther, unser Herz ist weit geworden." Dahinter stehen die Erfahrungen des heiligen Paulus mit seinen Gegnern in Korinth. Er hat gerade in dieser Gemeinde leidvolle Erfahrungen machen müssen. Aber das hat ihn nicht bitter werden lassen. „In uns ist es nicht zu eng für euch", schreibt er weiter, „werdet auch ihr weit" (2 Kor 6,12f.). Das ist die Kraft der Liebe Gottes im Menschen. Das weite Herz steht als Zeichen dafür, wie Gott sich selber dem Menschen schenkt und in seinem Herzen Wohnung nimmt.

Benedikt will sagen, dass ein solcher Mensch das „*unsagbare Glück der Liebe*“ erfährt, und zwar schon in diesem irdischen Leben. Es ist gewissermaßen ein Vorkosten himmlischen Glücks, wie es Benedikt in der kosmischen Vision zuteil wurde. Was ändert sich äußerlich? Man wird es einem solchen „glücklichen“ Menschen anmerken, dass er zu Gott gehört, weil er die Gottesnähe ausstrahlt. Er wird zu einem Segen für seine Mitmenschen. Doch gehört es zum Wesen dieses Glücks, dass es still und unaufdringlich ist. Doch deutet der heilige Benedikt noch etwas anderes an. Er sagt, dass einer mit weit gewordenem Herzen „*den Weg der Gebote Gottes läuft*“. Der Ausdruck „laufen“, der sich im Regelprolog öfter findet, deutet eine Intensivierung an. Wer Gott verkosten darf, der dringt immer tiefer in den Reichtum seines Wortes ein: „Dein Wort war mir Glück und Herzensfreude“ (Jer 15,16). Man kann geradezu das „*unsagbare Glück der Liebe*“ als die Frucht eines immer tieferen Eindringens in den Reichtum Gottes sehen. Das Ende des Kapitels über die Demut spricht in ganz schlichter Weise von der „*vollendeten Gottesliebe*“, die dahin führt, dass wir „*ganz mühelos*“ leben, ganz „*natürlich*“, weil wir „*in der Liebe Christi*“ stehen (RB 7,67–69). Wir erfüllen ganz einfach weiter unsere Pflicht im alltäglichen Leben, und tun doch alles ganz anderes, denn wir tun es aus Liebe. „Nur noch im Lieben besteht meine Übung“, bekennt Johannes vom Kreuz im *Geistlichen Gesang* (19. Strophe). Der heilige Benedikt versichert uns, dass dieses Ziel, nur noch zu lieben, schon in unserem irdischen Leben erreichbar ist, und dass es mit dem Sinn des Klosterlebens überhaupt zusammenfällt.

Weg zum Leben

Das Bild vom weit gewordenen Herzen ist zentral für die Benediktsregel. Wer einen wachen Blick für die Realität des Lebens hat, der weiß auch um die Gefahr der Herzensverengung. Das Herz wird nicht weit, sondern es verschließt sich, verkümmert und wird schließlich eng und hart. Es ist also gut, wenn wir dieses Thema noch weiter vertiefen.

1. Der Kontext

Der Vers 49 des Regelprologs, den wir betrachten, steht in einem ganz bestimmten Zusammenhang:

„Wir wollen also eine Schule
für den Dienst des Herrn einrichten.
Bei dieser Gründung hoffen wir,
nichts Hartes und nichts Schweres festzulegen.
Sollte es jedoch aus wohlüberlegtem Grund
etwas strenger zugehen, dann lass dich nicht sofort von Angst verwirren
und fliehe nicht vom Weg des Heils;
er kann am Anfang nicht anders sein als eng.
Wer aber im klösterlichen Leben und im Glauben fortschreitet,
dem wird das Herz weit,
und er läuft in unsagbarem Glück der Liebe
den Weg der Gebote Gottes.
Darum wollen wir uns seiner Unterweisung niemals entziehen
und in seiner Lehre im Kloster ausharren bis zum Tod.

Wenn wir so in Geduld
an den Leiden Christi Anteil haben,
dann dürfen wir auch mit ihm sein Reich erben."
(RB Prol 45–50).

Der heilige Benedikt spricht von der Schule des Herrendienstes, die es einzurichten gilt. Er legt es dabei nicht auf asketische Hochleistungen an, sondern möchte einfach dem Ziel der Gottsuche gerecht werden: „nichts Hartes, nichts Schweres". Aber mitunter kann es doch auch etwas strenger zugehen, nicht aus Willkür, aber „zur Besserung der Fehler und zur Bewahrung der Liebe". Dann soll man sich aber nicht aus der Fassung bringen lassen. Der „Weg des Heiles kann am Anfang nicht anders als eng sein". Dann folgt unsere Stelle von der Weite des Herzens: „Wer aber im klösterlichen Leben und im Glauben voranschreitet, dem wird das Herz weit, und er läuft in unsagbarem Glück der Liebe den Weg der Gebote Gottes."

Offenbar hat nach der religiösen Erfahrung Benedikts beides miteinander zu tun: die Enge des Weges und die Weite des Herzens. Es sieht so aus, als sei das eine die Bedingung für das andere: Das weite Herz gibt es nur über den engen Weg. Dabei geht es nicht um irgendwelche verordnete Schwierigkeiten. „Wir hoffen, nichts Hartes und nichts Schweres festzulegen", sagt Benedikt. Es geht um nichts anderes, als um das, was das Leben bringt. „C'est la vie – So ist das Leben", heißt es in Frankreich. Aber wir müssen es unter dem Blickwinkel Gottes sehen, als seine Läuterung zu unserem Heil. „Zur Besserung der Fehler und zur Bewahrung der Liebe", heißt es. Dahinter steht Gott, der seinen Plan mit uns hat, und ohne den nichts in unserem Leben geschieht. Um diese Sicht des Glaubens geht es, die alles mit Gott in Verbindung bringen kann, die in jeder Situation daran festhält, dass Gott unser Vater ist.

Bei dem, was das Leben so bringt, kann es um Fehler gehen, die Menschen an uns begehen, um falsche Entscheidungen bezüglich unserer Person. Denken wir etwa an RB 68, wo es um das glaubensgemäße Verhalten bei einer Überforderung geht: „Wenn er aber sieht, dass die Schwere der Last das Maß seiner Kräfte völlig übersteigt, lege er dem Oberen dar, warum er den Auftrag nicht ausführen kann ... Wenn er seine Bedenken geäußert hat, der Obere aber bei seiner Ansicht bleibt und auf seinem Befehl besteht, sei der Bruder überzeugt, dass es so für ihn gut ist; und im Vertrauen auf Gottes Hilfe gehorche er aus Liebe.“ Es kann aber auch um Probleme im zwischenmenschlichen Leben gehen, um kleinere, die eher zu verkraften sind, etwa eine Streitigkeit, wie sie immer unter Menschen vorkommt (siehe RB 4,73: „Nach einem Streit noch vor Sonnenuntergang zum Frieden zurückkehren.“), um die „Dornen der Ärgernisse“, wie es RB 13,12 heißt; aber es können auch schwerwiegende Probleme sein, wie sie auch vor der Tür des Klosters mitunter nicht halt machen; so scheut der heilige Benedikt sich nicht, in seiner Regel von „falschen Brüdern“ zu sprechen, die es zu ertragen gilt (RB 7,43). Nicht zuletzt sind es oft genug wir selber, die sich das Leben schwer machen, indem wir mit uns und anderen kleinlich sind und nicht über den Dingen stehen können, all das aus Mangel an Liebe und Glauben.

Jedenfalls bringt Benedikt das alles in Zusammenhang mit unserer Berufung und unserer Entscheidung für ein Leben der Nachfolge und unserer Annahme durch Gott: „Darum wollen wir uns seiner Unterweisung niemals entziehen und in seiner Lehre im Kloster ausharren bis zum Tod. Wenn wir so in Geduld an den Leiden Christi Anteil haben, dann dürfen wir auch mit ihm sein Reich erben." Christusnachfolge unter den Bedingungen des Alltags, wie er eben ist, genau darum geht es. In all dem geht es darum, ihn, den Herrn, unseren Lehrer und Meister sein zu lassen und sich vom Geheimnis des Kreuzes nicht loszusagen. Für all das, was wir erfahren und was uns widerfährt, lässt sich ein Beispiel aus dem Leben des Herrn und seiner Heiligen finden. Das ist der Weg, der enge Weg, auf dem unser Herz weit wird.

„Wer im klösterlichen Leben und im Glauben voranschreitet", sagt Benedikt. Auch das gehört zusammen. Das konkrete Leben, so wie es sich im Kloster oder in Familie und Beruf darbietet, soll unser Glaubensleben sein. Wir meinen ja oft, anderswo und unter anderen Umständen sei alles besser, könnten wir ganz anders leben, uns ganz anderes entfalten. Aber das ist eine Täuschung, wie man sehr leicht erkennen kann. Nicht nur, dass wir uns selbst mitnehmen, wie es so schön heißt. Die Lektion, dass das Leben nun einmal so ist, gilt es zu lernen. Erst wenn wir uns darauf einlassen, wird alles anders. „Nichts ist schwer, bist du nur leicht", sagt die Volksweisheit. „Nichts ist schwer, wenn nur dein Herz weit ist", könnten wir in unserem Zusammenhang formulieren. *Im klösterlichen Leben und im Glauben voranschreiten.* Das bringt uns dann dahin, die Dinge richtig einzuordnen und die Menschen richtig zu sehen und ihnen Gerechtigkeit widerfahren zu lassen. Auf einmal bekommt alles seinen Platz. Wir haben es nicht mehr nötig, etwas Geringfügiges hochzuspielen oder etwas Gravierendes zu bagatellisieren, weil wir uns ungerecht behandelt und gekränkt fühlen. Vielmehr sehen wir die Dinge und die Menschen, wie sie in Wahrheit sind, ohne

Bitterkeit, mit weit gewordenem Herzen. „So ist das Leben", so sind die Menschen, und ich auch, so machen wir uns manchmal, ohne das wir es wollen, das Leben schwer. Aber im Licht des Glaubens gesehen, bringt uns das und bringen wir uns gegenseitig doch voran. „Denen, die Gott lieben, gereicht alles zum Guten", heißt es bei Paulus (Röm 8,28).

2. Die in diesem Vers anklingenden Schriftstellen

Die drei Schriftstellen, die meiner Ansicht nach hinter dem Bild vom weit gewordenen Herzen stehen, habe ich bereits genannt.

An erster Stelle Ps 118(119),32: „Ich eile voran auf dem Weg deiner Gebote, denn mein Herz machst du weit." Es geht also darum, sich wirklich mit allen Konsequenzen auf Gottes Wort einzulassen und daraus zu leben. Darin liegt so etwas wie eine Garantie dafür, dass unser Herz weit wird. Gerade Ps 118(119) besingt das Glück des Menschen, der nach Gottes Geboten lebt, wobei es auch bei ihm keineswegs ohne Hartes und Schweres abgeht: „Meine Seele klebt am Boden. Durch dein Wort belebe mich!" (V. 25). Oder: „Meine Seele zerfließt vor Kummer. Richte mich auf durch dein Wort!" (V. 28). Auch von Gegnern ist die Rede: „Auch wenn mich die Stricke der Frevler fesseln, vergesse ich deine Weisung nicht." (V. 61). Der Beispiele sind viele. Aber immer geht es um die Nähe Gottes in seinem Wort, die die nötige Kraft gibt. Und wie in unserem Regelwort wird ein Wachstumsprozess angedeutet: „Ich eile voran auf dem Weg deiner Gebote, denn mein Herz machst du weit." Herz und Gebote werden als gegenseitige Bedingung gesehen, als Elemente, die zusammen gehören. Die Weite des Herzens durch Gottes Gebote, das ist das Geheimnis. Sehr schön bringt das Ps 1 ins Wort: „Wohl dem ..., der Freude hat an der Weisung des Herrn, über seine Weisung nachsinnt bei Tag und bei Nacht." „O Glück des Mannes", übersetzt Martin Buber.

Die zweite Bibelstelle ist Ps 4,2: „Du hast mir Weite geschaffen in der Bedrängnis." Die Bedrängnis, die Enge wird in der Benediktsregel geradezu als notwendige Voraussetzung gesehen für die Weite. Weit kann das Herz nur werden, wenn es weiß, was Enge ist. Und wieder kommt es auf das Heilshandeln Gottes an. Er ist es, der die Weite schafft. Das lässt an einen Menschen denken, der vieles durchmachen musste, und der in allem den Finger Gottes erkannte und schließlich den Durchbruch schaffte. Der Apostel Paulus spielt öfter auf diese tiefe religiöse Erfahrung an. Etwa 2 Kor 4,16–18: „Darum werden wir nicht müde; wenn auch unser äußerer Mensch aufgerieben wird, der innere wird Tag für Tag erneuert. Denn die kleine Last unserer gegenwärtigen Not schafft in maßlosem Übermaß ein ewiges Gewicht an Herrlichkeit, uns, die wir nicht auf das Sichtbare starren, sondern nach dem Unsichtbaren ausblicken." Paulus ist ein Paradebeispiel für einen Menschen, der im Vertrauen auf die Kraft Gottes über sich selbst hinaus gewachsen ist: „Uns wird Leid zugefügt, und doch sind wir jederzeit fröhlich; wir sind arm und machen doch viele reich; wir haben nichts und haben doch alles" (2 Kor 6,10).

Die dritte Schriftstelle ist aus den Paulusbriefen, 2 Kor 6,11–13: „Unser Mund hat sich für euch aufgetan, Korinther, unser Herz ist weit geworden. In uns ist es nicht zu eng für euch; eng ist es in euren Herzen. Lasst doch als Antwort darauf – ich rede wie zu meinen Kindern – auch euer Herz weit aufgehen!" Dahinter stehen die leidvollen Erfahrungen, die Paulus mit der Gemeinde in Korinth machen musste. Man hatte ihn als Apostel in Frage gestellt, es hatte gegen ihn Intrigen und Verleumdung gegeben. Paulus hat sehr darunter gelitten; dieser Konflikt hat ihn wohl bis an die Grenzen gebracht. Nur seine Christusverbundenheit ließ ihn das durchstehen. Dabei ist erstaunlich, wie er gerade in dieser Situation innerlich frei wurde und sich den Korinthern, die ihm das Leben doch so schwer machten, voll und ganz zuwenden und um ihre Liebe werben konnte. Ein schönes Beispiel, wie die Liebe Christi uns selbstlos machen will und sorglos um die eigene Person, damit die Freiheit der Kinder Gottes erfahrbar wird. Diese Stelle ist so kostbar, weil sie den Weg der Herzensweite im oft so schwierigen menschlichen Miteinander aufzeigt.

3. Spiritualität des Herzens

Die Spiritualität der Benediktsregel kann demnach eine Herzensspiritualität genannt werden (G. Holzherr). Immer wenn der heilige Benedikt uns etwas Wesentliches klarmachen will, spricht er vom Herzen. In der lateinischen Wortkonkordanz von Hanslik (CSEL LXXV) zähle ich unter *cor-Herz* 31 Stellen, worunter natürlich zahlreiche Schriftzitate sind. Das Anliegen der Benediktsregel lässt sich mit dem Satz (Spr 23,26) zusammenfassen: „Gib mir, mein Sohn, dein Herz!" Nicht von ungefähr beginnt die Regel mit den Worten: „Neige das Ohr deines Herzens." Es ist letztlich Christus, der um unser Herz wirbt und der sich mit weniger nicht zufrieden geben will: Gib mir alles! Gib dich selbst! Das Herz ist ja die Mitte des Menschen, in die sein ganzes Wesen zusammenströmt. Im Herzen begegnet er Gott und den Mitmenschen.

Das Herz zeigt den Grad der Hingabe an, es ist wie ein Gradmesser. Es zeigt an, wie wir zu Christus stehen, wie nah wir ihm sind. Wenn es eng wird, befinden wir uns weit weg von ihm. Wird es aber weit, gehen wir auf die Herzensverwandtschaft mit Christus zu, der sein Herz am Kreuz grenzenlos weiten ließ. Nicht umsonst heißt das Meditationgebet der Ostkirche Herzensgebet. Es zielt auf die Verwandlung des Herzens. „Bilde unser Herz nach dem Herzen deines Sohnes", heißt es in der Oration der Votivmesse vom heiligsten Herzen Jesu. Im Grunde genommen ist alles im Leben „Herzenssache", selbst die kleinsten, unscheinbarsten Vollzüge. Immer und in jedem Fall ist unser Herz gefragt, in der Begegnung mit unseren Mitmenschen, im Umgang mit der Schöpfung und mit allen Dingen in ihr, vor allem aber in unserer Gottesbeziehung. Es gibt wohl nichts Wohltuenderes als einen Menschen, der Herz zeigt. Er kann dies, weil er sein Herz der Liebe Gottes geöffnet hat. So geht er *„mit weit gewordenem Herzen"* Gottes Wege und legt mit seinem Leben Zeugnis ab von Gottes Güte.

Enge und Weite

Die Formulierung der Benediktsregel legt nahe, dass die Weite des Herzens mit einer tieferen Gotteserkenntnis zusammenhängt. Wir gehen den Weg der Gebote Gottes auf ganz andere Weise, weil sich innerlich etwas verändert hat: „*In unsagbarem Glück der Liebe*" haben wir etwas Entscheidendes von Gott begriffen, nämlich dass er der Gott ist, der unsere Finsternis hell machen kann, wie es Ps 18,29 heißt, der uns „*im unsagbaren Glück der Liebe*" die Enge gar nicht mehr spüren lässt, weil er unser Alles geworden ist. „Mein Gott und mein Alles", hat der heilige Franziskus ausgerufen. Geht es womöglich letzten Endes darum, dass wir etwas von der „Lehre Christi" begriffen haben, von der im folgenden letzten Vers des Prologs die Rede ist: „Darum wollen wir uns seiner Unterweisung niemals entziehen und in seiner Lehre im Kloster ausharren bis zum Tod. Wenn wir so in Geduld an den Leiden Christi Anteil haben, dann dürfen wir auch mit ihm sein Reich erben" (RB Prol 50). So gesehen, wäre dann das *unsagbare Glück der Liebe* so etwas wie eine Vorerfahrung des Gottesreiches, auf das hin wir unterwegs sind. Wir dürfen durch die Gnade Gottes immer wieder einmal etwas kosten von dem, was uns verheißen ist und wovon der Apostel Paulus sagt: „Was kein Auge gesehen und kein Ohr gehört hat, was keinem Menschen in den Sinn gekommen ist: das Große, das Gott denen bereitet hat, die ihn lieben" (1 Kor 2,9).

Diese Vorahnung des Künftigen, die innerlich so froh macht, wie Benedikt sagt, ist offenbar nur über das

Schwere zu haben, über den engen Weg, der sich erst nach langem Gehen weitet, wie die Regel im Rückgriff auf das Evangelium feststellt: „Geht durch das enge Tor! Denn das Tor ist weit, das ins Verderben führt, und der Weg dahin ist breit, und viele gehen auf ihm. Aber das Tor, das zum Leben führt, ist eng und der Weg dahin ist schmal, und nur wenige finden ihn“ (Mt 7,13f.). Das Schwere im Leben ist aber offensichtlich nicht etwas, was eingeplant und verordnet wäre, in einer falsch verstandenen Askese etwa, sondern es ist das, was um der Bewahrung der Liebe willen bisweilen nötig ist, (wie es RB Prol 47 heißt), es sind die obprobria, die Widerwärtigkeiten des Lebens, mit denen wir immer wieder konfrontiert werden und denen wir nicht ausweichen können. Herzensweite hinge dann mit der Fähigkeit zusammen, in den Widrigkeiten des Lebens Gottes Fügung und also Gottes Liebe zu erkennen und darauf einzugehen. Das ist wohl gemeint mit *Im-Glauben-Voranschreiten.*

Nur der Glaube ist in der Lage zu unterscheiden und herauszufinden, wann Gott uns ein Angebot macht, geistlich zu wachsen und ihm wieder ein Stück näher zu kommen. Immer wieder stoßen wir auf die Aufgabe, uns für die Gnade Gottes zu bereiten und ihr in uns Raum zu geben. Mit dem „Ich“, das wir bei unserer Berufung gesprochen haben – „Wenn du das hörst und antwortest: Ich“ (RB Prol 16) – hängt die Verpflichtung unserer Ausrichtung auf Gott zusammen, die Bereitschaft, alle, aber auch wirklich alle Geschehnisse unseres Lebens mit Gott in Verbindung zu bringen. Das heißt geistlich leben.

Wir wissen alle, dass wir die Dinge auf zweierlei Weise betrachten können: Sie lassen sich, wie Paulus sagt, irdisch/fleischlich betrachten, d.h. je nach Veranlagung und Temperament versuchen wir zurecht zu kommen:

Wir passen uns an, arrangieren uns oder wehren uns, begehren auf, behaupten uns oder ziehen uns resigniert zurück. Geistlich würden wir anderes reagieren: Wir würden fragen, was Gott uns damit sagen will, und wir würden positiv damit umgehen, das Ereignis als Baustein unserer geistlichen Existenz betrachten. Das Paradebeispiel dafür ist Kap. 68 der Benediktsregel, wenn wir uns durch einen Auftrag überfordert sehen. Der Umgang „nach dem Fleisch" wäre, irgendwie damit zurecht zu kommen, vielleicht zähneknirschend, mit der Faust in der Tasche. Der Umgang „nach dem Geist" wird von Benedikt so beschrieben: Ein vertrauensvolles Gespräch, soweit das möglich ist; die Glaubens-Einsicht, dass es so förderlich, für das geistliche Leben gut ist; das Vertrauen auf Gottes Hilfe; das Sich-Einlassen aus Liebe.

Die Stelle des Regelprologs vom weiten Herzen deutet in dem Zusammenhang an, dass es einem Menschen mehr und mehr gelingen kann, über den Dingen zu stehen. Als geistlicher Mensch wäre er oder sie dann anderswo „geortet", stünde auf der Seite Gottes und würde dieses Leben mit allem, was es ausmacht, mit ganz anderen Augen sehen. Und in sich trüge diese Person den Frieden Gottes, den Herzensfrieden. Die heilige Teresa von Avila sieht diese Zusammenhänge ganz nüchtern und praktisch. Auf die Frage, was mit einem Menschen ist (gemeint sind Ordensleute), der sich mit vielen Aufgaben und Erfordernissen belastet fühlt und kaum noch Zeit für sein Gebetsleben hat, gibt sie zur Antwort: „Von dem, der dich mit ganzer Seele lieben will und sich in deine Hände gegeben hat, verlangst du nichts anderes, als dass er gehorche, dass er sich frage, womit dir am besten gedient sei und dass er diesen Dienst wünsche. Eine solche Seele braucht keine Wege zu suchen und zu wählen, denn dein Wille ist schon der ihre. Du, mein Herr, trägst Sorge, sie dorthin zu führen, wo sie am meisten gefördert wird. Und auch der Vorgesetzte trage sich nicht mit dem Gedanken, was der Seele am meisten helfen könnte, sondern dass sie ihre Obliegenheiten erfülle, die der Gemeinschaft zugute kommen. Du, mein Gott, wirst die Seele und die Dinge, mit denen sie umgeht, so behandeln und bereiten, dass wir, ohne zu wissen wie, uns mit Geist und innerem Fortschritt versehen finden, und später ganz verblüfft sind, wenn wir zurückblicken. So war es mit jemandem, den ich kürzlich gesprochen habe: Der Gehorsam hatte ihn etwa 15 Jahre lang so mit Ämtern und Pflichten überhäuft, dass er sich nicht erinnern konnte, in all dieser Zeit einen Tag für sich selbst gehabt zu haben, obwohl er sich nach Kräften mühte, täglich ein Weilchen für das Gebet und die Gewissenserforschung zu erübrigen. Er ist einer der pflichtgetreuesten Menschen, die mir begegneten, und auf alle, mit denen er zu tun hat, färbt etwas von dieser Haltung ab. Der Herr hat es ihm gut gelohnt, denn er gelangte, ohne zu wissen wie, zu jener kostbaren und ersehnten Geistesfreiheit, die den Vollkommenen eigen ist und die alle Glückseligkeit dieses Lebens in sich birgt. Denn sie verlangen nichts und haben alles" (Lockruf des Hirten, 163f.).

Hier wird sehr anschaulich ein Leben des Glaubens und der Hingabe geschildert. Das einzig Entscheidende ist, dass man sich Gott hingegeben hat. Diese Hingabe führt zu einer Willfährigkeit Gott gegenüber. Ich weiß mich in seiner Hand und tue dann ganz einfach, was getan werden muss, was das Leben so bringt, ohne allzuviel nach mir selber zu fragen. Ich führe ein Glaubensleben, ich gehe den Weg der Gebote Gottes, wie Benedikt sagt.

Herauskommen kann dabei nichts anderes, als eine herrliche Freiheit und die Gotterfülltheit der Heiligen.

Das ist der Weg, den der hl. Benedikt uns zeigen will. Der erste Schritt ist immer das, was er „die Gebote“ nennt. Gemeint ist damit die Ausrichtung an Gottes Wort, das für unseren Fuß wie eine Leuchte ist, wie Ps 119,105 sagt. Die Heilige Schrift zeigt uns den Willen Gottes, und wir schmiegen uns ihm an, haben kein anderes Bestreben, als mit Gott einig zu gehen. Die kleinen und großen Begebenheiten und Vorkommnisse des Alltags spielen dabei eine wichtige Rolle; sie sorgen dafür, dass wir uns nichts vormachen, sondern dass der Wille Gottes sich wirklich an uns erfüllt. Nach und nach kehrt der Friede Gottes in uns ein, das Herz wird weit, wir erfahren das Glück, Gott anzugehören und in seinem Heilsplan zu stehen. Umgekehrt wird es in uns eng, wenn wir allzusehr um uns selbst besorgt und auf die Durchsetzung der eigenen Pläne bedacht sind. Wir führen ein unzufriedenes Leben und machen auch den Mitmenschen das Leben schwer. Wir können die Probe aufs Exempel machen: Immer, wenn es uns gelingt, Gott und seinem heiligen Willen in uns Raum zu geben, empfinden wir eine große Ruhe, ein tiefes Glück und inneren Frieden. Alles hängt dann davon ab, dass wir diesen Weg weiter gehen.

Seinen Mönchen empfiehlt Benedikt, zu den kanonischen Zeiten Gott, „unserem Schöpfer, den Lobpreis darzubringen wegen seiner gerechten Entscheide“ (RB 16,5). Das bedeutet, dass wir uns immer wieder am Tag mit ihm und seinem heiligen Willen vereinigen – „*wegen seiner gerechten Entscheide.*“ Diesen Gedanken finden wir auch in dem schönen Lied: „Was Gott tut, das ist wohlgetan.“ Mehrmals am Tag treten Benediktinerinnen und Benediktiner beim gemeinsamen Gotteslob aus der Enge und Kleinlichkeit, die das Alltagsleben und das Zusammenleben so an sich haben kann, in die Weite Gottes ein und dürfen erfahren, wie er ihnen das Herz weit macht.

Das Bild des weit gewordenen Herzens steht bekanntlich am Ende des Regelprologs und bedeutet eine Verheißung: Wer sich wirklich in den Prozess der Umgestaltung in Christus hineingibt, der darf schon in diesem Leben etwas von dem Glück verkosten, das im Himmel für uns hinterlegt ist. Er darf in der Weite seines Herzens spüren, „was Gott denen bereitet hat, die ihn lieben" (1 Kor 2,9). Insofern ist das Bild von der Weite des Herzens ein Bild, das unsere christliche Hoffnung ausdrückt. Und diese Hoffnung ist unabhängig von bestimmten äußeren Umständen, seien sie nun günstig oder ausgesprochen ungünstig. Die Hoffnung ist eine Kraft des Herzens, das um den Ostersieg Christi weiß.

Unser Herz hat nicht nur „Ohren", wie Benedikt am Anfang des Regelprologs sagt; es hat auch „Augen", und mit diesen Augen sieht es, was Christus für es bereithält. Es bewahrt sich diesen klaren Blick auch unter schwierigen Umständen, ja sogar in Bedrängnis und scheinbarer Ausweglosigkeit. Das weit gewordene Herz wäre so gesehen das Organ der Hoffnung. Es lässt uns in harten Situationen nicht nur aushalten, sondern versetzt uns sogar in die Lage, diesen Situationen etwas abzugewinnen, sie fruchtbar zu machen von Christus her. Das weit gewordene Herz ist der Ort der Christuserkenntnis: „Da gingen ihnen die Augen auf, und sie erkannten ihn; dann sahen sie ihn nicht mehr. Und sie sagten zueinander: Brannte uns nicht das Herz in der Brust, als er unterwegs mit uns redete und uns den Sinn der Schrift erschloss?“ (Lk 24,31f.). „*Wer aber im klösterlichen Leben und im Glauben voranschreitet, dem wird das Herz weit*“, der erkennt Christus als seinen Weggefährten, der erkennt überall auf seinem Weg die Zeichen des auferstandenen Christus, die ihn ermutigen durchzuhalten und weiterzugehen in die Fülle des Lebens hinein.

Ich möchte aber noch auf etwas anderes aufmerksam machen. In der Weite des Herzens ist es uns möglich, etwas vom verlorenen Paradies mitten im Alltag unseres Lebens zu entdecken und zu leben. Ich erinnere an Lk 17,21, wo gesagt wird, dass das Reich Gottes mitten unter uns ist. In den Fußnoten der Bibelausgaben wird dazu angemerkt, dass manche Handschriften auch die Übersetzung zulassen: Das Reich Gottes ist in euch. Wie dem auch sei, jedenfalls ist die geistliche Tradition der Überzeugung, dass Gott sich dem Menschen, der ihn in Lauterkeit sucht und dessen Herz rein geworden ist, schenkt. In dieser innigen Vereinigung mit Gott erfährt er das „*unaussprechliche Glück der Liebe*“, wie Benedikt sich ausdrückt. Anknüpfungspunkt dieser mystischen Tradition könnte die Markusversion der Versuchungsgeschichte sein. In diesem Evangelium (Mk 1,13) wird erzählt, dass Jesus „in der Wüste ... mit den wilden Tieren war“. Jesus erscheint da als der neue Adam, der in Harmonie mit allen Tieren lebt, also in dem Zustand, den der erste Adam durch seine Sünde verloren hat.

Die biblische Tradition beschäftigt sich bekanntermaßen mit diesem Motiv, etwa Jes 11,7–9: „Kalb und Löwe weiden zusammen, ein kleiner Knabe kann sie hüten. Kuh und Bärin freunden sich an, ihre Jungen leben beieinander. Der Löwe frißt Stroh wie das Rind. Der Säugling spielt vor dem Schlupfloch der Natter, das Kind streckt seine Hand in die Höhle der Schlange.“ Jesus selber hat das neue Paradies eröffnet und uns wieder Zugang verschafft. Wir wissen, dass die monastische Tradition dieses Paradiesmotiv aufgegriffen hat, etwa in der Vita des heiligen Antonius († ca. 356), wo es heißt, dass die wilden Tiere mit ihm in Frieden lebten (Kap. 51). In der Gallusvita (frühes 8. Jh.) ist es der wilde Bär, der dem Einsiedler Gallus gehorsam ist (Kap. 11). Beim heiligen Franziskus wird dieses Motiv dann noch einmal besonders stark. Er predigte den Vögeln und zähmte den Wolf von Gobbio.

Auch in der Benediktsregel spielt das Motiv vom verlorenen und wiedererlangten Paradies eine Rolle. Zu Beginn der Regel heißt es: „So kehrst du durch die Mühe des Gehorsams zu dem zurück, den du durch die Trägheit des Ungehorsams verlassen hast“ (RB Prol 2). Der biblische Bezug klingt nur von ferne an, nämlich Gen 3, der Sündenfall, und Röm 5,12-21, der alte und der neue Adam, sprich: Christus, durch den wir wieder Zugang zu Gott haben. Die Mühe des Gehorsams, so möchte ich sagen, markiert den Beginn des Rückweges ins verlorene Paradies. Benedikt sagt ja, dass „der Weg des Heils am Anfang nicht anders als eng sein kann“ (RB Prol 48). Wenn wir ihn aber beschreiten, verändert sich alles, das Herz wird weit, wir dürfen unsagbares Glück verkosten.

Es scheint mir hilfreich, diese beiden Regelstellen in ihrem Zusammenhang zu betrachten. Der Weg des Gehorsams ist es, der die Weite des Herzens bringt. Wir wissen aus der Bedeutung des Gehorsams in der Regel insgesamt, dass er in engster Anbindung an den Gehorsam Christi zu betrachten ist. Er ist, wie die entsprechenden Stellen in Kapitel 7 über die Demut zeigen, in erster Linie ein An-sich-geschehen-Lassen. Er ist ein Prozess, durchaus schmerzlich und mit Leid verbunden, mit mancherlei schweren Erfahrungen auch im menschlichen Bereich, denken wir etwa an Kapitel 68 vom Gehorsam bei Überforderungen. Mir scheint, dass die Benediktsregel eine innere Entwicklung andeutet, oder vielleicht besser eine Entwicklung von außen nach innen. Wer den geistlichen Weg beginnt – das wissen wir alle aus Erfahrung gut genug –, ist zunächst geneigt etwas zu tun. Die Betonung liegt hier wirklich auf „tun“. Diese Person ist begeistert und empfindet bei ihrem geistlichen Tun, das in den klösterlichen Übungen besteht und in manchem, was sie sich selber abverlangt, eine große Befriedigung und Freude. Aber allmählich kommt sie damit nicht mehr zurecht. Sie gerät in eine Krise und ist ziemlich ratlos. Hat sie sich getäuscht? Hat sie etwas falsch gemacht? Ist sie vielleicht gar nicht für diese geistliche Lebensform bestimmt?

Aber diese Krise zeigt einen inneren Umbruch an. Gottes Geist will uns weiter führen. Es ist ganz wichtig, dass wir diese schwierige Phase im geistlichen Leben durchstehen. Sie bringt die Chance, tiefer zu begreifen, worauf es ankommt. Alles Äußere ist ja nur Mittel, sozusagen das Werkzeug, mittels dessen wir zum Eigentlichen vorstoßen. Und das Eigentliche ist die Umformung in Christus. Das ist der wahre Sinn der Schule des Herrendienstes. Wir lernen allmählich den Weg Christi kennen und gehen. Paulus hat das unüberbietbar in Gal 2,19f. ausgedrückt: „Ich bin mit Christus gekreuzigt worden. Nicht mehr ich lebe, sondern Christus lebt in mir. Soweit ich aber jetzt noch in dieser Welt lebe, lebe ich im Glauben an den Sohn Gottes, der mich geliebt und sich für mich hingegeben hat.“ Das ist der geistliche Fortschritt, der uns allen, jedem auf seine Weise, aufgetragen ist, das Immer-näher-zu-Gott, von dem Benedikt spricht (RB 62,4).

Gleich zu Beginn des geistlichen Weges wird unmissverständlich betont, worauf es ankommt: „Mühe des Gehorsams – Trägheit des Ungehorsam – dem Eigenwillen widersagen – für Christus kämpfen – den Schild des Gehorsams ergreifen“ (RB Prol 2f.). Kapitel 58 von der Aufnahme neuer Brüder betont dasselbe: die Erschwernis des Eintritts, die harte Behandlung, das Ertragen von Widerwärtigem und schließlich: „Offen rede man mit ihm über alles Harte und Schwere auf dem Weg zu Gott.“ Wer tiefer in den Geist der Regel eindringt, erkennt immer klarer, dass das keine äußeren Veranstaltungen sind: „Herz und Leib müssen bereitet werden, um den göttlichen Weisungen gehorchen zu können“ (RB Prol 40), das heißt der Mensch wird immer sensibler und bereiter für den Weg Christi.

Dieses Mit-sich-geschehen-Lassen umschreibt die geistliche Tradition im Rückgriff auf das Neue Testament (vgl. sogenannte Nachfolgeworte in den Evangelien, entsprechende Stellen in den Paulusbriefen) als Sterben. Benedikt spricht des öfteren vom Eigenwillen, dem wir absagen müssen. Jedenfalls wird der Mensch an seiner empfindlichsten Stelle getroffen. Es ist wirklich ein Sterben des Ego gemeint. Solange wir uns dagegen wehren – und das ist normalerweise ausgiebig der Fall –, kann es nicht zum Durchbruch kommen. Es ist, als stünden wir vor einer Tür, die wir nicht aufstoßen können. Oder wir haben das Gefühl, es „hakt“ irgendwo, wir kommen nicht weiter, drehen uns im Kreis. Das kann lange so gehen. Gott lässt uns nicht aus. Er bringt die Sache immer wieder auf den Punkt. Wir versuchen mit vielen Tricks auszuweichen, das „Sterben-Müssen“ zu vermeiden. Aber wir werden immer wieder an dieselbe Stelle zurückgeführt: „Wer sein eigenes Leben nicht gering achtet (hintanstellt, eigentlich: hasst), kann nicht mein Jünger sein" (Lk 14,26). Dem Eigenwillen widersagen, positiv ausgedrückt: gehorsam sein, heißt nichts anderes als sich selbst verleugnen, alles verlassen, um Gott zu finden.

Diesen inneren Wachstumsprozess drückt der Regelprolog mit den Bildern von Enge und Weite aus: Der Anfang kann nicht anders sein als eng; aber Gott führt hinaus ins Weite. Wer an äußeren Dingen hängenbleibt, und seien es noch so fromme Übungen, der tritt auf der Stelle. Die äußeren Dinge sind lediglich Anstoß, dienen dazu, uns auf den Weg zu bringen, helfen, dass Nachfolge konkret wird. Sie haben ihren Sinn und Wert, und wir sollen sie keinesfalls geringschätzen. Aber der *„Weg der Gebote Gottes"*, von dem Benedikt spricht, den wir *„in unsagbarem Glück der Liebe laufen"*, ist etwas tief Innerliches. Er ist der Weg Christi, und auf ihm geschieht unsere Umgestaltung in Christus. Das „Wie" wird von den verschiedenen Traditionen des geistlichen Lebens unterschiedlich beschrieben. Bei Benedikt geschieht es vor allem mit dem Begriff des Gehorsams oder auch, in Kapitel 58, durch die „obprobria" (Widerwärtiges). Diese verschiedenen Umschreibungen drücken aber nur aus, was das Evangelium „sterben" nennt: „Wer sein Leben retten will, wird es verlieren; wer aber sein Leben um meinetwillen und um des Evangeliums willen verliert, der wird es retten" (Mk 8,35). An dieser Grundwahrheit des Evangeliums führt kein Weg vorbei. Sie ist auch nicht vordergründig erlernbar, so dass wir dies oder jenes investieren müssten, um sie zu erwerben. Sie ist Gnadengeschenk. Aber hier wie nirgendwo sonst gilt das alte Axiom von der Gnade, die auf unser Mitwirken angewiesen ist.

Fragen wir nun noch nach den Kennzeichen des weit gewordenen Herzens, danach woran zu erkennen ist, ob es einem Menschen durch die Gnade Gottes geschenkt wurde, ein Stück Paradies, die Harmonie von Gottes Anfang mit den Menschen zu leben.

Es wird, allgemein gesprochen, so sein, dass das, was einen solchen Menschen im Inneren bewegt, nach außen strahlt. Die 12. Demutsstufe, für uns heute aufs erste schwer nachvollziehbar, ist m.E. nur so zu verstehen: „Der Mönch sei nicht nur im Herzen demütig, sondern seine ganze Körperhaltung werde zum ständigen Ausdruck seiner Demut für alle, die ihn sehen“ (RB 7,62). Das „Christus in mir“, um mit Paulus zu sprechen, wird zum „Ausdruck“ dieses Menschen. In der Benediktsregel beschreibt das ganze 72. Kapitel vom guten Eifer den Menschen des wieder geschenkten Paradieses. Ein solcher Mensch ist innerlich frei, weil er in Gott ruht. Er kann Liebe verströmen, weil er nicht mehr auf sich selbst bedacht sein muss. Ja Benedikt ist offenbar sogar der Ansicht, dass das Kloster selber, das er an anderer Stelle „domus dei“, Haus Gottes nennt, auf die Rückkehr des Menschen ins Paradies verweisen soll. Auch der Ausdruck vom „tabernaculum domini“, vom Zelt Gottes (RB Prol 39), könnte in diese Richtung weisen. Er lässt an Offb 21,3 denken: „Siehe, das Zelt Gottes unter den Menschen. Er wird in ihrer Mitte wohnen.“ Für Benedikt ist es die Sendung eines Klosters, auf den mit Gott, den Mitmenschen und der ganzen Schöpfung versöhnten Menschen hinzuweisen.

Der einzelne Mensch selbst kann sein „Paradies“ erkennen an seinem Hingezogensein zu Gott. Er muss seine Gedanken nicht mehr willentlich auf Gott richten, sondern das geschicht wie von selbst, er ist immer bei

Gott. Den Menschen gegenüber kann er in jeder Beziehung liebevoll sein. Wunderschön umschreibt das die Martinsvita: „Niemand sah ihn jemals zornig, aufgeregt, traurig oder lachen. Stets blieb er sich gleich. Himmlische Freude trug er auf seinem Antlitz. Er schien über der menschlichen Natur zu stehen. In seinem Munde war nie etwas anderes als Christus. In seinem Herzen lebte nur Güte, nur Friede, nur Erbarmen" (Sulpicius Severus, Vita Martini, 27).

Gott dienen

Papst Gregor der Große († 604), der uns das Leben des heiligen Benedikt aufgezeichnet hat, berichtet, wie Benedikt, nachdem er sich als Student in Rom entschlossen hatte, „Gott allein zu gefallen" (Dial. II,1,1), zunächst als Einsiedlermönch lebte, durch mancherlei Prüfungen menschlich und geistlich reifte und schließlich im Tal von Subiaco zwölf kleine Klöster gründete, „um dem allmächtigen Gott zu dienen", wie es heißt (Dial. II,3,13). Man kann mit gutem Recht sagen, dass Gregor mit dieser Formulierung den Sinn des Lebens im Kloster und des christlichen Lebens überhaupt ausdrückt, das nach den Worten des Apostels Paulus darin besteht, „dem lebendigen und wahren Gott zu dienen" (1 Thess 1,9).

Was aber bedeutet das näherhin: Gott dienen?

In dem Lobgesang, den Zacharias nach der Geburt seines Sohnes Johannes des Täufers singt, dem *Benedictus*, heißt es: „Er hat uns geschenkt, dass wir, aus Feindeshand befreit, ihm furchtlos dienen in Heiligkeit und Gerechtigkeit vor seinem Angesicht all unsre Tage" (Lk 1,74f.). Zacharias besingt hier die endgültige Erlösungstat Gottes an seinem Volk, die durch das Kommen des Messias geschehen ist. Hier wird das Ziel dieser göttlichen Rettungstat beschrieben: Israel ist berufen, in Freiheit und ungestört Gottes Gebote zu befolgen. Es soll heilig und gerecht vor seinem Gott leben und ihm so dienen. Gemeint ist der Gottesdienst des Lebens, und dahinter steht die brennende Sehnsucht, doch einmal Gottes Anspruch ganz gerecht werden zu können.

Gott dienen heißt, ihn immer tiefer zu erkennen und ganz für seinen heiligen Willen offen zu sein. Es bedeutet nichts anderes, als sein ganzes Leben nach ihm auszurichten. Paulus formuliert das im Römerbrief so: „Angesichts des Erbarmens Gottes ermahne ich euch, meine Brüder, euch selbst als lebendiges und heiliges Opfer darzubringen, das Gott gefällt; das ist für euch der wahre und angemessene Gottesdienst. Gleicht euch nicht dieser Welt an, sondern wandelt euch und erneuert euer Denken, damit ihr prüfen und erkennen könnt, was der Wille Gottes ist, was gut und vollkommen ist" (Röm 12,1f.).

Wenn Zacharias in einem Lobgesang von unserer Berufung spricht, Gott zu dienen in Heiligkeit und Gerechtigkeit, dann wird dadurch deutlich, dass genau darin unser Glück und unsere menschliche Erfüllung besteht. Das Lied des Zacharius bezeugt, dass Gott dienen reine Freude bedeutet, so sehr, dass er darüber in einen Jubelgesang ausbricht.

Im Alten und Neuen Testament finden sich sehr viele Stellen, die vom Gottesdienst des Menschen handeln. Dtn 6,13 heißt es grundlegend: „Den Herrn, deinen Gott, sollst du fürchten; ihm sollst du dienen." Die Bibelwissenschaft vermutet, dass diese Stelle eng zusammenhängt mit Dtn 6,4f., dem berühmten *Höre, Israel:* „Höre, Israel! Jahwe, unser Gott, Jahwe ist einzig. Darum sollst du den Herrn, deinen Gott, lieben mit ganzem Herzen, mit ganzer Seele und mit ganzer Kraft." Jesus greift diese Weisung dann auf: „Vor dem Herrn, deinem Gott, sollst du dich niederwerfen und ihm allein dienen" (Mt 4,10). Gott dienen ergibt sich wie von selbst aus der Gottesliebe. Je mehr ein Mensch in der Gottesliebe wächst, desto mehr drängt es ihn, Gott zu dienen und seinen heiligen Willen zu erfüllen. Sein Leben wird dann gleichsam zum Gebet: „Dein Wille geschehe wie im Himmel so auf Erden."

Wir befinden uns damit im Zentrum christlicher Spiritualität. Unser wahrer Gottesdienst besteht darin, uns mehr und mehr Christus anzugleichen, der ganz für Gott und damit auch ganz für die Menschen gelebt hat. Das ist unsere Berufung als getaufte Christen. Das verbindet uns alle miteinander, ganz gleich, in welcher Lebensform wir uns befinden.

Was nun Benedikt angeht, so kann man sagen, dass seine Mönchsregel nichts anderes will, als zu zeigen, wie man Gott konkret dienen kann. Programmatisch heißt es im Regelprolog: „Wir wollen eine Schule für den Dienst des Herrn einrichten" (RB Prol 45). Mit „Schule" meint Benedikt die Gemeinschaft Gleichgesinnter, die um ihren Herrn Jesus Christus versammelt ist. Er ist der lebendige Herr, der mitten unter uns lebt. Er zeigt uns, was es bedeutet, „unter der Führung des Evangeliums" (RB Prol 21) zu leben. Es geht darum, von Jesus selbst die Grundhaltung des Evangeliums zu lernen, die, wie er selbst gesagt hat, im Dienen besteht: „Ich bin unter euch wie der, der bedient" (Lk 22,27). Solch ein Dienen nach dem Beispiel Christi betrifft unser ganzes Leben. „Wir müssen unser Herz und unseren Leib bereiten", heißt es, „um den göttlichen Weisungen gehorchen zu können" (RB Prol 40). In dieser Formulierung Benedikts liegt etwas Unbedingtes, Entschlossenes. Sie ist Ausdruck für unsere Ganzhingabe an Christus.

Das Wort „dienen" ist in der Benediktsregel ein Leitwort, das zeigt, wie christliches Leben verstanden werden soll. Es betrifft den Dienst vor Gott in der Kirche, aber auch genauso den Dienst füreinander.

Benedikt gibt konkrete Beispiele. Er nennt die Feier des

Stundengebetes „unseren schuldigen Dienst“ oder den „Dienst, den wir gelobt haben“ (RB 16,2;18,24). Für uns heute mögen diese Formulierungen stark rechtlich klingen. Dahinter steht der Gedanke, sein Leben ganz Gott zu weihen, und zwar aus innerstem Antrieb heraus, wie in Kap. 18 der Ausdruck „Dienst der Hingabe“ zeigen mag (RB 18,24). Für den heiligen Benedikt ist das Gebet in erster Linie Ausdruck der Gottsuche und der Begegnung mit ihm. Gott ist besonders dann gegenwärtig, wenn wir Gottesdienst feiern (vgl. RB 19,2). Das Gebet verbindet uns aber auch untereinander, da wir gemeinsam vor unserem Gott stehen. Insofern ist es auch ein Dienst füreinander.

Wie „dienen“ unser Leben betrifft, zieht sich wie ein roter Faden durch die Regel des heiligen Benedikt: „Ob Sklave oder Freier, in Christus sind wir alle eins, und unter dem einen Herrn tragen wir die Last des gleichen Dienstes. Denn bei Gott gibt es kein Ansehen der Person“ (RB 2,20). Hier begründet Benedikt die Grundvoraussetzung echten Gemeinschaftslebens mit der Einheit aller in Christus und mit dem gleichen Christusdienst. Wo Menschen Jesus Christus als ihren Herrn anerkennen, verschwinden die sozialen Unterschiede und die Bewertungen, die unser Zusammenleben erschweren. Es ist der „gleiche Dienst“, weil alle ihn nach Kräften leisten und dabei die Gabe des anderen genauso anerkennen. „Dient einander als gute Verwalter der vielfältigen Gnade Gottes, jeder mit der Gabe, die er empfangen hat. Wer redet, der rede mit den Worten, die Gott ihm gibt; wer dient, der diene aus der Kraft, die Gott verleiht. So wird in allem Gott verherrlicht durch Jesus Christus“ (1 Petr 4,10f.). Abt Georg Holzherr hat darauf hingewiesen, dass der Ausdruck vom Tragen der Dienstlast auf den Dienst Christi schlechthin verweisen könnte, der sein Kreuz hinaus zur Schädelhöhe trug (vgl. Joh 19,17). Wir dienen dann Gott angemessen, wenn wir uns alle gemeinsam unter das Kreuz Christi stellen und in seiner Gesinnung miteinander leben.

Selbst in den beiden Kapiteln vom wöchentlichen Küchendienst und vom Krankendienst (RB 35 und 36) wird Entscheidendes ausgesagt. Der einleitende Satz ist programmatisch: „Die Brüder sollen einander dienen" (RB 35,1). Man könnte auch übersetzen: „Als Brüder sollen sie einander dienen." Wenig später heißt es dann: „Sie sollen einander in Liebe dienen" (RB 35, 6). Das bedeutet, unter dem göttlichen Gebot der Liebe sollen sie einander dienen, eben wie Gott es will und wie er es uns in Jesus Christus gezeigt hat. Das leitet über zu einer interessanten Anweisung in diesem Kapitel. Die Brüder nämlich, „die den Wochendienst beginnen und die ihn beenden, sollen allen die Füße waschen" (RB 35,9). Dieser Hinweis kann nicht nur praktisch verstanden werden. Wer noch einigermaßen bei Kräften ist, wäscht sich die Füße am besten selber. Benedikt spielt hier an auf den Liebesdienst Christi, die Fußwaschung vor seinem Leiden (Joh 13,1–17), die wie eine Offenbarung Gottes selber ist. Jesus verdeutlicht hier das Wort: „Ich bin unter euch wie einer, der bedient" (Lk 22,27), ganz anschaulich. Gott ist in Jesus Christus buchstäblich zum Diener der Menschen geworden. An seinem Handeln der Fußwaschung geht uns auf, was wir Gott wert sind, aber auch, was unser Auftrag ist. Wenn Jesus sagt: „Ich habe euch ein Beispiel gegeben" (Joh 13,15), dann bedeutet das, wir sollen unser Leben so verstehen wie er, der es für uns hingegeben hat bis zum Tod am Kreuz. Durch seine Anweisung an die Tischdiener will Benedikt genau das verdeutlichen. Da wird der Sinn unseres Lebens geradezu greifbar: In Liebe füreinander da zu sein. In diesem Zusammenhang steht dann auch das schöne Wort, dass „dieser Dienst großen Lohn bringt und die Liebe wachsen lässt" (RB 35,2). Der Lohn ist nichts anderes als die Erkenntnis Christi, der sich für uns hingibt und uns liebt „bis zur Vollendung" (Joh 13,1), das heißt bis zum Kreuz. Diese Erkenntnis aber geschieht in Liebe, im Geliebt-Werden und selber Lieben. Sie ist Vereinigung mit Christus und Verkosten seiner Liebe.

Im Kapitel über den Dienst an den kranken Brüdern wird Benedikt noch konkreter. „Man soll ihnen so dienen, als wären sie wirklich Christus" (RB 36,1). Dahinter steht das Evangelium vom Weltgericht, aus dem Benedikt dann auch zitiert: „Ich war krank, und ihr habt mich besucht" (RB 36,2; Mt 25,36). Wir haben es hier mit einem Stück Glaubensrealismus der Urkirche zu tun, wie er auch Eph 6,7 zum Ausdruck kommt: „Dient freudig als dientet ihr dem Herrn und nicht den Menschen!"

Vom Abt heißt es, dass er „der Eigenart vieler dienen soll", und es heißt von dieser Aufgabe, dass sie „schwierig und mühevoll" ist (RB 2,31). Dieser Dienst verlangt, sich auf jeden einzelnen einzulassen, ihn anzunehmen, wie er ist, ihn aber auch fördern, dass er mehr und mehr so wird, wie Gott ihn haben will. Darin steckt einerseits Geduld, man kann sagen: die Langmut Gottes, andererseits aber auch eine kluge Menschenkenntnis, die den Betreffenden gemäß seinen Anlagen fördern will.

Benedikt zeigt am Ende seiner Regel in beeindruckender Weise, wie wir einander dienen sollen nach dem Beispiel Gottes, wie es Jes 46,4 heißt: „Ich bleibe derselbe, so alt ihr auch werdet, bis ihr grau werdet, will ich euch tragen. Ich habe es getan, und ich werde euch weiterhin tragen, ich werde euch schleppen und retten."

„Sie sollen einander in gegenseitiger Achtung zuvorkommen; ihre körperlichen und charakterlichen Schwächen sollen sie mit unerschöpflicher Geduld ertragen; im gegenseitigen Gehorsam sollen sie miteinander wetteifern; keiner achte auf das eigene Wohl, sondern mehr auf das des andern; die Bruderliebe sollen sie einander selbstlos erweisen“ (RB 72,4–8).

Gemeint ist ein gegenseitiges Dienen, das ganz aus der Liebe Gottes kommt. Dabei wissen wir um die eigenen Grenzen und Schwächen, die so schwer zu verändern sind, dass uns nur noch ein ganz großes Gottvertrauen bleibt. Das macht einen Menschen dann demütig, verständnisvoll und liebevoll – und damit schließlich erst wirklich hilfreich.

Im genannten zweiten Buch der Dialoge Gregors gibt es gegen Ende eine schöne Stelle, die das Stichwort „Gott dienen“ wieder aufgreift. Da schildert Gregor die Begegnung Benedikts mit dem Goten Zalla, der viele Menschen mit seiner Grausamkeit bedrückte. Zalla steht vor Benedikt, der gerade in der Bibel liest. Dieser schaut ihn an mit dem Blick der Gottverbundenheit, und Zalla wirft sich vor ihm nieder und bittet ihn um sein Gebet. Gregor kommentiert diesen Vorgang dann einzigartig und sagt: „Das ist es, was ich behaupte: Wer dem allmächtigen Gott in vertrauter Freundschaft dient, kann manchmal sogar aus Vollmacht Wunder wirken“ (Dial. II, 31,4).

Gott in vertrauter Freundschaft dienen dürfen ist unsere Bestimmung und unser Glück in dieser Welt.

Gott fürchten

„‚Wer Ohren hat zu hören,
der höre, was der Geist den Gemeinden sagt!‘
Und was sagt er?
‚Kommt, ihr Söhne, hört auf mich!
Die Furcht des Herrn will ich euch lehren.‘“
(RB Prol 11–12)

Im Prolog ist zum erstenmal die Rede von der Furcht des Herrn (timor domini) oder der Gottesfurcht (timor dei). Und immer wieder klingt dieses Thema dann an im Verlauf des Regeltextes, in verschiedenen Varianten, etwa zwanzigmal. Gott kann sich kundtun als furchterregender Herr (RB Prol 7); den Tag seines Gerichtes muss man fürchten (RB 4,44); die Gottesfurcht muss man immer vor Augen haben (RB 7,10); die Hölle hat der Mensch zu fürchten (5,3). So und ähnlich lauten die entsprechenden Wendungen. Wir kommen nicht umhin festzustellen, dass das Gottesbild des heiligen Benedikt auch diese Züge trägt. Gott ist für ihn nicht nur liebenswert in seinem Sohn Jesus Christus (vgl. RB Prol 20), sondern er ist auch streng und fordernd. Das ließe sich mit vielen Beispielen belegen. Trotzdem, und das ist mit Entschiedenheit festzuhalten, wäre es völlig verfehlt zu behaupten, dass es der Regel an evangelischem Geist fehlen würde. Vielleicht lässt sich sagen, dass sie den Geist der frühen Kirche bewahrt hat, die den Absolutheitsanspruch Gottes sehr ernst nahm. Auch ein Blick ins Neue Testament kann uns lehren, dass Jesus selber einen unbedingten

Anspruch erhebt: „Ich kenne deine Werke. Du bist weder kalt noch heiß. Wärest du doch kalt oder heiß! Weil du aber lau bist, weder heiß noch kalt, will ich dich aus meinem Mund ausspeien ... Wen ich liebe, den weise ich zurecht und nehme ihn in Zucht. Mach also Ernst, und kehr um!“ (Offb 3,15f.19).

Uns leuchtet heute die Rede von der Gottesfurcht nicht ohne weiteres ein. Wir haben unsere Schwierigkeiten damit. Gott fürchten – ist das vereinbar mit der Botschaft vom Gott der Liebe? Schnell wird dann der 1. Johannesbrief zitiert: „Furcht gibt es in der Liebe nicht, sondern die vollkommene Liebe vertreibt die Furcht. Denn die Furcht rechnet mit Strafe, und wer sich fürchtet, dessen Liebe ist noch nicht vollendet“ (1 Joh 4,18). Wer aber will von sich sagen, dass seine Liebe vollkommen ist und dass er in der Liebe vollendet wäre? So gesehen, wäre die Gottesfurcht etwas, das auf dem Weg hin zur Vollendung in der Liebe durchaus eine gewissen Rolle spielt.

In der Tat ist die Gottesfurcht ein gewichtiges Thema in der Heiligen Schrift. Man kann sagen, dass sie die religiöse Grundhaltung der alttestamentlichen Frommen kennzeichnet. Von Ijob etwa sagt Gott zum Satan: „Hast du auf meinen Knecht Ijob geachtet? Seinesgleichen gibt es nicht auf der Erde, so untadelig und rechtschaffen ist er, er fürchtet Gott und meidet das Böse“ (Ijob 1,8). Ähnliches kann man aber auch im Neuen Testament finden. So heißt es vom Hauptmann Kornelius in der Apostelgeschichte, dass er „mit seinem ganzen Haus fromm und gottesfürchtig lebte“ (Apg 10,2). Im Epheserbrief findet sich sogar die Mahnung: „Einer ordne sich dem andern unter in der Furcht Christi“; gemeint ist die Furcht vor Christus (Eph 5,21). Und im *Magnificat* singen wir täglich: „Er erbarmt sich von Geschlecht zu Geschlecht über alle, die ihn fürchten“ (Lk 1,50).

Es gibt in meinen Augen eine einfache Erklärung dafür, wie wir die Gottesfurcht zu verstehen haben. Sie richtet sich auf Gottes Gott-Sein. Gott ist Gott und nicht ein Mensch. „Der Herr, euer Gott, ist der Gott über den Göttern und der Herr über den Herren. Er ist der große Gott, der Held und der Furchterregende. Er lässt kein Ansehen gelten und nimmt keine Bestechung an. Er verschafft Waisen und Witwen ihr Recht. Er liebt die Fremden und gibt ihnen Nahrung und Kleidung ... Du sollst den Herrn, deinen Gott, fürchten. Ihm sollst du dienen, an ihm sollst du dich festhalten“ (Dtn 10,17f.20). Dieser Text spricht von Gottes Größe, weshalb er zu fürchten ist, aber auch von seiner Gerechtigkeit, und auch deshalb müssen wir ihn fürchten. Gleichzeitig wird deutlich, dass Furcht nicht in jedem Fall Unnahbarkeit bedeuten muss: An diesem Gott, der zu fürchten ist, kann man sich festhalten. Er ist unbedingt verlässlich. Er ist auch der liebende Gott. Als solcher ist er dem Menschen zugewandt. Von daher ergeht immer wieder an den Menschen das ermutigende Wort: „Fürchte dich nicht!“, das bist ins Neue Testament hinein reicht, etwa als Wort des Auferstandenen an die Frauen: „Fürchtet euch nicht!“ (Mt 28,10).

Hingewiesen sei noch auf das Anliegen des Neuen Testaments, die Furcht durch die Liebe zu überwinden. Christus, durch den wir den Geist der Kindschaft haben, ist der Grund dafür. Doch bleibt zwischen beiden eine Spannung, welche die Oration vom 12. Sonntag im Jahreskreis so ins Wort bringt: „Heiliger Gott, gib, dass wir deinen Namen allezeit fürchten und lieben. Denn du entziehst keinem deine väterliche Huld, der fest in deiner Liebe verwurzelt ist.“

Benedikt steht in seiner Einschätzung der Gottesfurcht in einem breiten Traditionsstrom. Im monastischen Schrifttum vor ihm taucht der Begriff Gottesfurcht immer wieder auf. Wichtig ist Kassian(† 430), aber auch Basilius († 379) und Origenes († ca. 254) sind zu nennen, natürlich auch Augustinus († 430). Kassian nennt die Gottesfurcht „Anfang und Hüterin des Heils" (Inst. 4,39). In der 11. Unterredung gibt er dann eine sehr schöne Deutung. Er spricht von der „Furcht der Liebe" (caritatis timor), bei der nicht mehr Schrecken vor Strafe oder Verlangen nach Lohn die Beweggründe sind, sondern die Fülle der Liebe bringt eine Furcht hervor, die zärtlich besorgt ist, dem Geliebten weh zu tun. So ist es etwa bei einem Sohn dem gütigen Vater gegenüber, so ist es unter Geschwistern, zwischen Freunden und Ehegatten. Sie fürchten nicht wechselseitige Beschimpfungen oder Schläge, sondern jede Verletzung der Liebe. Stets sind sie in ihrem Verhalten und in ihren Worten mit ängstlicher Zärtlichkeit darauf bedacht, dass die Liebe nicht erkalten möge. Das ist die Furcht der vollkommenen Liebe, die Furcht der Freunde und Kinder Gottes. Kassian unterscheidet davon die Furcht der Anfänger, das heißt derer, die sich noch „unter dem Joch der Angst und der Knechtschaft befinden". Diese ist als Durchgangsstadium zu betrachten. In diesem Stadium dürfen wir nicht stehen bleiben, sondern wir müssen uns weiterführen lassen zur „Freiheit der Liebe und zur Zuversicht der Freunde und Söhne". Auf diese lässt sich das Apostelwort anwenden: „Ihr habt nicht den Geist empfangen, der euch zu Sklaven macht, so dass ihr euch immer noch fürchten müßtet, sondern ihr habt den Geist empfangen, der euch zu Söhnen macht, den Geist, in dem wir rufen: Abba, Vater!" (Röm 8,15). Die Furcht der Kinder Gottes ist für Kassian eins mit der Liebe. Von ihr war Christus selbst beseelt (Conl. 11,13).

Es gibt in der Benediktsregel einen Bezug zu dieser Kassian-Stelle. Im Kapitel „Vom guten Eifer" heißt es, dass die Brüder „in Liebe Gott fürchten sollen" (RB 72,9). Das heißt doch, dass die Furcht aus der Liebe hervorgeht und von ihr durchdrungen ist. Es geht um die Furcht, aus der Liebe herauszufallen und Gott zu betrüben. Dies ist mit die schönste Art, in der Benedikt von der Gottesfurcht spricht. Es ist auch das letzte Mal, dass dieses Thema in der Regel anklingt. Kap. 72 entwirft ja ein Idealbild vom Kloster und vom monastischen Leben, das Fortgeschrittene auf dem geistlichen Weg im Blick hat und aufzeigt, was sein kann, wenn sich ein Mensch der Liebe ganz überlässt.

In Kap. 7 „Von der Demut", stehen die erste Demutsstufe und der Schluss des Kapitels in einer inneren Beziehung. Die erste Demutsstufe legt die Gottesfurcht dringend nahe, während der Schluss des Kapitels von der „*vollendeten Gottesliebe*" spricht, „*die alle Furcht vertreibt*".

Benedikt erklärt hier die Gottesfurcht von ihrem Gegenteil her, der Gottvergessenheit: „Der Mensch achte stets auf die Gottesfurcht und hüte sich, Gott je zu vergessen" (RB 7,10). Gott vergessen bedeutet mehr als nur nicht an ihn denken. Es bedeutet, ihn aus dem Blick zu verlieren, weil anderes interessanter und reizvoller ist. Das ist das Problem vieler Menschen heute. Sie sagen sich nicht in einer bewussten Entscheidung von Gott los, sondern sie vergessen ihn über den Dingen dieser Welt, die sie gefangennehmen. Sie leisten keinen Widerstand und beziehen keine Position. Sie schwimmen mit im Trend der Zeit. So entfernen sie sich allmählich von Gott; sie vergessen, dass er ihnen einmal wichtig war und lernen schließlich ohne ihn leben. So ergeht es vielen. Glücklich werden sie dabei nicht. Sie verlieren das Wertvollste ihres Lebens und den Frieden der Seele.

Für Benedikt ist Gottesfurcht dagegen Leben in Gottes Gegenwart. „Er denke an alles, was Gott geboten hat." Die lateinische Formulierung ist noch eindringlicher: „semper sit memor – er sei immer eingedenk" (RB 7,11) Das meint ein lebendiges Umgehen mit Gott und seinem Anspruch, ein Sich-Öffnen dafür, das bereits ein Anfang der Liebe ist. Benedikt scheut sich aber nicht, starke Formulierungen zu gebrauchen, die aufrütteln sollen. Er spricht vom Feuer der Hölle für die Gottesverächter und vom ewigen Leben für die, die Gott fürchten. Vor manchem müssen wir auf der Hut sein und uns in acht nehmen. Der Weg Gottes erfordert alle Kraft. Wir müssen uns vor dem Eigenwillen hüten, positiv ausgedrückt: Wir müssen uns einschwingen in den Willen Gottes, in dem unser Heil besteht. In Gottes Gegenwart leben heißt aber auch, auf die Triebe und Begierden achten, die uns von Gott wegziehen und den vertrauten Umgang mit ihm verhindern. Auf diese Weise führt die Gottesfurcht zur Reinheit und Lauterkeit des Herzens. Der Mensch wird durch diesen mühsamen Läuterungsprozess empfänglich für die Liebe, er gelangt zur Gottesliebe, er erkennt die Liebe Gottes ihm gegenüber und er wird selber fähig, Gott zu lieben. Darin besteht die „vollendete Gottesliebe, die alle Furcht vertreibt". Die Gottesfurcht ist in die Gottesfreundschaft eingemündet.

Widerwärtiges ertragen

Eine der Bedingungen für den Eintritt ins Kloster ist nach der Benediktsregel, ob die betreffende Person „fähig ist, Widerwärtiges zu ertragen“ (RB 58,7). Was hier von den Eintrittskandidaten verlangt wird, gehört offenbar zu den Kriterien eines echten Mönchslebens überhaupt. Es ist etwas, das im monastischen Leben mitschwingt und bleibend zur Gottsuche gehört.

Frühere Übersetzungen haben für den Ausdruck „obprobria“ durchweg die Übersetzung „Eifer für Demütigungen/Verdemütigungen“ eingesetzt (so noch in der Ausgabe von G. Holzherr 1980: Die Benediktsregel. Eine Anleitung zu christlichem Leben). Nach der neuen Übersetzung (Die Benediktusregel, hg. im Auftrag der SÄK 1992) wird „si sollicitus est ad obprobria“ mit „der Fähigkeit Widerwärtiges zu ertragen“ widergegeben.

Die einschlägigen Lexika verzeichnen unter „opprobrium“ durchweg „Beschimpfung, Schimpf, Vorwurf, Schande“. Hans Urs von Balthasar verwendet als Übersetzung für „obprobria“ einmal das Wort „Schmach“, um den christologischen Bezug zu verdeutlichen (vgl. v. Balthasar, Die johanneischen Themen in der Regel des hl. Benedikt und ihre Aktualität, in: Monastische Informationen Nr. 0, 1975). A. de Vogüé spricht in diesem Zusammenhang von „practiques d’humilité“.

Sicher ist, dass Benedikt Kassians Beschreibungen der Prüfung der Neueintretenden in die Klöster Ägyptens kannte (Inst. 4,3). Dort ist ausdrücklich die Rede von absichtlicher Zurückweisung und Verachtung (refutatus atque despectus), von Beleidigungen und Vorwürfen (iniuriae et exprobratio), schließlich auch von Verdemütigungen (obprobria), welche der Bewerber erfährt und durch die er seine Standfestigkeit unter Beweis stellen soll. Ähnlich rigoros verfährt die „Regel der vier Väter“ (Anfang 5. Jh.): „Vor allem muss ihm die Demut eingeprägt werden.“ Das Prüfungsverfahren gipfelt in der Belehrung durch den Klostervorsteher, dass ihm im Kloster „nichts bleibe, als das Kreuz, das er auf sich nehmen soll, und dass er dem Herrn folge. Und dies ist die Spitze des Kreuzes, das es auf sich zu nehmen gilt: vor allem in vollendetem Gehorsam nicht den eigenen Willen zu tun, sondern den eines anderen“ (2,23.32–33). Die Anklänge an die Demut Christi, die Kreuzesnachfolge und den Christusgehorsam sind überdeutlich.

Schließlich sei noch die direkte Vorlage Benedikts, die Magisterregel, zitiert: „Wer wirklich vollkommen im Kloster leben will, dem soll das versagt werden, was er liebt und wonach er verlangt, und was er hasst, das soll ihm auferlegt werden. Denn der Herr sagt ja: ‚Wer mein Jünger sein will, der verleugne sich selbst und folge mir nach‘ (Mt 16,24; Lk 14,26)“ (Regula Magistri 90,9–10).

Benedikt kannte also die Praxis der Alten Kirche, Kandidaten für das Klosterleben auf die Echtheit ihrer Berufung hin zu prüfen. Wir müssen wohl davon ausgehen, dass auch ihm alles daran lag, einem Neuling – und überhaupt jedem Mönch – die Dimension der Kreuzesnachfolge nahezubringen. Übrigens findet sich der Ausdruck „obprobrium“ noch zweimal in der Benediktsregel. Beide Mal innerhalb eines Schriftzitats. Das eine Mal Kap. 7,51–54 auf der 7. Demutsstufe: „Der Mönch erklärt nicht nur mit dem Mund, er sei niedriger und geringer als alle, sondern glaubt dies auch aus tiefstem

Herzen. Er erniedrigt sich und spricht mit dem Propheten: ‚Ich aber bin ein Wurm und kein Mensch, der Leute Spott (obprobrium hominum), vom Volk verachtet. Ich habe mich erhöht und wurde erniedrigt und zunichte' (Ps 22,7; 88,16). ‚Gut war's für mich, dass du mich erniedrigt hast; so lerne ich deine Gebote' (Ps 119,71.73)." Eindeutig geht es hier, in einer zentralen Aussage des Demutskapitels, um die Weggemeinschaft mit dem demütigen Christus, der sich um unseretwillen erniedrigt hat. Die Psalmworte in diesem Zusammenhang verweisen eben auf den leidenden Herrn; sie dienen aber auch dazu, diese Demutshaltung Christi selber einzuüben. Sie werden gesprochen und immer wieder meditiert, um dadurch Christus nahezukommen und von ihm zu lernen. Der abschließende Psalmvers: „Gut war's für mich, dass du mich erniedrigt hast; so lerne ich deine Gebote", richtet sich direkt an Gott. „*Du*" hast mich erniedrigt. In dem, was da geschieht, tut sich Gottes Willen selber kund. Was da mit mir geschieht, hat mit meinem Heil zu tun; es ist gut für mich. Das ist nur nachvollziehbar in einem ganz tiefen Glauben, der in allem und jedem Gott am Werk sieht und davon ausgeht, dass nichts ohne ihn geschieht und dass er alles, auch das Schlimmste, für uns zum Weg des Heils machen kann. Wir werden von der Fähigkeit, Widerwärtiges zu ertragen, von den „obprobria", nicht reden können, ohne diesen Zusammenhang zu beachten, das heißt ohne die christologische Dimension.

Die andere Stelle, an der „obprobrium" vorkommt, ist RB Prol 27: Es geht um die Frage nach dem Menschen, der auf Gottes heiligem Berg wohnen darf. Die Antwort wird mit Ps 15 gegeben. Die Stelle, die für uns von Belang ist, lautet: „Der seinem Freund nichts Böses antut und seinen Nächsten nicht schmäht." Hier ist ausdrücklich von der Schmähung (obprobrium) die Rede, die einer dem anderen antut; und die wird entschieden verurteilt. Wer das tut, darf nicht auf Gottes heiligem Berg wohnen; der gehört nicht Gott an.

Diese beiden Stellen können einiges Licht auf die „obprobria", die Widerwärtigkeiten von Kap. 58 werfen. Es gibt solche, die haben mit Gott zu tun, und ihnen dürfen wir nicht ausweichen, wenn wir nicht unser ewiges Heil gefährden wollen; und es gibt solche, die tun Menschen sich in ihrer Bosheit an, und das ist unbedingt zu verurteilen. Dabei ist freilich nicht ausgeschlossen, dass Gott auch über menschliche Bosheit, über das, was Menschen einander antun, unser Heil wirken kann. Alles kann einen Menschen näher zu Gott bringen. Auch das Böse und Schwere, das ihn trifft. Die Frage ist, wie er damit umgeht. Diese Überlegung ist sehr wichtig, weil dadurch deutlich wird, dass es für den Gläubigen kein Verhängnis gibt; er ist immer, in allem und jedem, in Gottes Hand.

Was meint also Benedikt, wenn er von uns den Eifer für Widerwärtiges, für „obprobria" verlangt? Offenbar nicht bestimmte Praktiken, um Menschen zu demütigen! Das kann nicht genug betont werden. In diesem Punkt ist im Lauf der Ordensgeschichte sicher viel gesündigt worden. Aber es passt insgesamt nicht zum Evangelium, andere gezielt zu demütigen – und würde noch so Gutes damit bezweckt. Kein Christ hat das Recht, seinen Bruder oder seine Schwester bewusst zu demütigen! Auch sind mit demütigen Menschen, die dem demütigen, Kreuz tragenden Christus nachfolgen, keine Kriechernaturen gemeint. Kreuzes-Nachfolge erfordert ein gerades Rückgrat und recht verstandenes Selbstbewusstsein. So sieht die Regel Benedikts weder für Postulanten noch für Mönche gezielte Demütigungen vor. Sie setzt sich damit offenbar bewusst von allgemein üblichen Praktiken ab.

Was aber ist gemeint mit dem „Eifer für Widriges"?

Benedikt könnte durchaus in diesem Zusammenhang von Basilius inspiriert gewesen sein. In der lateinischen Version des Rufin konnte Benedikt lesen, dass die Personen, welche ins Kloster eintreten möchten, zu prüfen seien, und zwar daraufhin, ob sie „bereit seien zu aller Demut (ad omnem humilitatem) und ohne Scheu die einfachsten und niedrigsten Arbeiten übernehmen, wenn die Vernunft es erfordert". Desgleichen verlangt Basilius im Kloster die Bereitschaft zu Diensten, die Weltleute nicht als passend und standesgemäß ansahen (RBasRuf 6,7.9). Das „opprobrium" ist also hier eine Zumutung an das Ehrgefühl: So etwas tue *ich* doch nicht! Im Kontext der damaligen Zeit: Dafür gibt es Sklaven. Für uns heute: Schließlich bin ich Akademiker, oder: Bei meiner Qualifikation doch nicht. Interessant ist der Blick auf die griechische Version der Basiliusregeln (die Benedikt natürlich nicht kannte). Da heißt es: „Alle sollen auf eine bestimmte Art geprüft werden, ob sie zu jeder Demütigung bereit sind, ohne sich zu schämen, so dass sie auch die geringsten Arbeiten verrichten wollen, wenn vernünftige Überlegung sie als nützlich erkennen lässt ... Demjenigen aber, der aus einem vornehmeren Leben kommt und nun nach dem Beispiel unseres Herrn Jesus Christus leben will, soll man vor allem Werke auferlegen, die in den Augen der Weltleute schmachvoll sind; so soll man feststellen, ob er auch voller Überzeugung Gott dienen will, ohne sich zu schämen" (Längere Regeln 10; nach K.S. Frank, Basilius v. Caesarea, Die Mönchsregeln). Das ist also eine ganz bewusste Prüfung, allerdings ohne Schikane. Denn es wird verwiesen auf das „Beispiel unseres Herrn Jesus Christus", nach dem man im Kloster leben will. Was liegt nun näher, als bei „schmachvollen" Diensten an die Fußwaschung im Abendmahlssaal zu denken (Joh 13,1–15)? „Ein Beispiel habe ich euch gegeben, damit auch ihr so handelt, wie ich an euch gehandelt habe", heißt es da. So gesehen, würde bedeuten, sich den „obprobria" stellen, die „obprobria" bejahen, sogar „Eifer" dafür haben, von Christus lernen, in die „Schule Christi" (vgl. RB Prol 45) gehen.

Das Beispiel Jesu Christi, das im Kloster gesucht wird, setzt die Bereitschaft zu Niedrigem, Schwerem, ja Hartem voraus, zu einem Sich-Bescheiden im Verzicht auf jede Art von Dominanz oder Besser-sein-Wollen. Es bedeutet Verzicht darauf, sich etwas auf seine Herkunft und seine angeblichen Vorzüge zugute zu halten. „In Christus sind wir alle eins, und unter dem einen Herrn tragen wir die Last eines gleichen Dienstes", sagt Benedikt in Anspielung auf den Apostel Paulus (RB 2,20; Gal 3,28; Röm 2,11). Und: „Die Brüder sollen einander dienen", ja „sie sollen einander in Liebe dienen" (RB 35,1.6).

Es versteht sich von selbst, dass solches Dienen mit „obprobria", mit Widerwärtigem, verbunden ist, wie die Fußwaschung im Abendmahlssaal auch keine angenehme Handlung war. Dienen nach dem Beispiel Christi hat immer diese Dimension des Niedrigen, wie der Bericht des Johannesevangeliums eindrucksvoll zeigt: Jesus „stand vom Mahl auf, legte sein Gewand ab (von jeher sah man darin ein Symbol der Selbsterniedrigung des Herrn) und umgürtete sich mit einem Leinentuch. Dann goss er Wasser in eine Schüssel und begann, den Jüngern die Füße zu waschen und sie mit dem Leinentuch abzutrocknen" (Joh 13,4–5).

Die neue Regelübersetzung spricht von einer „*Fähigkeit*“. Das klingt zunächst ungewohnt, da „sollicitus“ normalerweise mit „eifrig“ übersetzt wird. Wenn wir aber in dieser Fähigkeit eine religiöse sehen, in dem Sinne, dass ein Mensch in der Nachfolge fähig wird, nach dem Beispiel Jesu in Liebe zu dienen, dann ist diese Übersetzung sehr sinnvoll. Die Fähigkeit, Widriges zu ertragen, hat er ja nicht aus sich selbst. Es ist die Kraft Christi, die ihm dann zuteil wird.

Wir werden auch nicht sagen können, dass wir diese Fähigkeit gleich schon haben. Vielmehr wachsen wir in sie hinein. Auch darauf zielt die Stelle bei Benedikt hin. Die „obprobria“ sind eine Sache des Alltags. Das Klosterleben wird normalerweise mit einem gewissen Enthusiasmus begonnen. Aber dann wird alles alltäglich, normal. Es werden Opfer verlangt; noch mehr: Es gestaltet sich alles so, dass es einem Menschen nicht mehr so leicht, mit der Zeit vielleicht sogar ausgesprochen schwer wird. Der erste Eifer erfährt eine Dämpfung. Das Zusammenleben verlangt seinen Tribut. Es ist gar nicht so leicht, in Liebe miteinander zu leben. Wer sich aber den „obprobria“ stellt, wächst in die Liebe hinein, und das „Herz wird weit“.

Es ist gut, wenn wir heutzutage mit gezielten Demütigungen vorsichtig geworden ist. Doch sollten wir nicht vergessen, dass die monastische Tradition die „obprobria“ gewissermaßen als „Ort“ der Gottesbegegnung sieht und wertet. Bei Benedikt stehen sie im Kontext der Gottsuche: „Man achte genau darauf, ob der Novize wirklich Gott sucht, ob er Eifer hat für den Gottesdienst, ob er bereit ist zu gehorchen und ob er fähig ist, Widerwärtiges zu ertragen.“ Letztlich ist es doch der Herr selber, der prüft. Er ist es auch, der für die „obprobria“ im

Leben sorgt. „Wer mein Jünger sein will, der verleugne sich selbst, nehme täglich sein Kreuz auf sich und folge mir nach“ (Lk 9,23). Es ist die Gemeinschaft Christi, welche die „obprobria“ fruchtbar macht.

Die Stimme Christi

Die Filme von „Don Camillo und Peppone" werden immer wieder im Fernsehen gesendet, und der unvergleichliche Fernandel mit seiner überragenden Darstellungskunst hält Don Camillo in den Herzen vieler Menschen lebendig. Die zugrunde liegenden Bücher von Giovanni Guareschi, „Don Camillo und Peppone" (italienisch 1948, deutsch 1950) sowie „Don Camillo und seine Herde" (italienisch und deutsch 1953), sind dagegen einige Nuancen ernster. Vielleicht wird aber dadurch das Anliegen des Autors noch deutlicher? Er selber nennt es „diese Sache da mit dem Christus vom Kruzifix, der in diesen Erzählungen oft spricht". Dieser Christus, so sagt Guareschi, ist „mein Christus, das heißt die Stimme meines Gewissens". Bei „Don Camillo und Peppone" geht es um Christsein, und zwar in beeindruckender Weise. Noch einmal der Autor selbst: „Man wundere sich nicht, dass Christus spricht und dass einer dem anderen auf den Kürbiskopf schlagen kann in aller Anständigkeit, weil ohne Hass. Und dass sich zwei Feinde letzten Endes doch in den wesentlichen Dingen einigen."

Mich selber berührt es immer wieder von neuem und lässt mich sogar schaudern, dass Jesus mit Don Camillo spricht. Dieser geht immer wieder in die Kirche zu dem großen Christus am Kruzifix über dem Hochaltar. Es ist eine Zwiesprache, die nichts an Deutlichkeit zu wünschen übrig lässt. „Man muss vergeben, wenn man uns beleidigt. Das ist die Regel", sagt Christus in einer Auseinandersetzung über angetanes Unrecht und Vergeltung. „Mit Dir kann man nicht reden", entgegnet Don Camillo schließlich, „Du hast immer recht. Dein Wille geschehe. Wir werden verzeihen."

Ohne seinen Christus kann Don Camillo nicht leben. Er braucht ihn, um sich mit ihm zu beraten, ihm das Herz auszuschütten, sich den Kopf zurecht rücken zu lassen. Christus beharrt ihm gegenüber unerbittlich darauf, dass das Evanglium die einzige Handlungsnorm ist, freilich flexibel genug, um auch äußerst temperamentvolle und sogar schlagkräftige Charaktere gute Christen sein zu lassen.

Bei seiner Strafversetzung in das entlegene Gebirgsdorf beweist Don Camillo, dass er seine Lektionen in Sachen Christsein gut gelernt hat. Die Kirche dieses Dorfes ist in einem armseligen Zustand. Es gibt dort über dem Hochaltar nur noch die Balken des Kreuzes, während von dem gipsernen Christus nur noch die von den Nägeln durchbohrten Hände und Füße übriggeblieben sind. Schrecklich ist es für Don Camillo, nun nicht mit seinem Christus sprechen zu können. Am Abend begibt er sich zu Peppone und bestellt für die Nacht dessen Lastwagen. Er geht in seine ehemalige Pfarrkirche, ergreift das große Kreuz aus Eiche mit dem Christus daran, legt es auf den Lastwagen Peppones und lässt sich von diesem an den Beginn des Fußweges zum Gebirgsdorf fahren. Unter größten Mühen – Guareschi nennt es „Don Camillos Kreuzweg" – schleppt er dann auf stundenlangem Weg das Kreuz in seine armselige Dorfkirche. „Jesus", sagt er, nachdem er es über dem Altar befestigt hat, „wie, gefällt es dir hier nicht?" „Gott ist überall!", lautet die Antwort. Darauf Don Camillo: „Jesus, auch das Vaterland hat nur eine Fahne und doch hat jedes Regiment seine Fahne. Du bist meine Fahne, o Herr!"

Paulus drückt das so aus: „Für mich ist Christus das Leben“ (Phil 1,21), Benedikt spricht von der „Liebe zu Christus“, die „über alles geht“ (RB 5,2). Mich erinnert der Christus des Don Camillo sehr an den der Benediktsregel, im Kern jedenfalls, und das ist entscheidend. Christusmystik könnte man das geradezu nennen; denn es ist offenbar das zentrale Anliegen des heiligen Benedikt, dass wir mit Christus leben lernen, buchstäblich möchte ich fast sagen. Der Christus der Benediktsregel ist ja der lebendige Christus, der mir gegenüber steht, wie bei Don Camillo; der mich anspricht: „Willst du wahres und unvergängliches Leben haben?“ (RB Prol 17); der bei mir ist gerade in den härtesten Herausforderungen meines Lebens: „Er gehorche aus Liebe im Vertrauen auf Gottes Hilfe“ (RB 68,5); der mir das Evangelium befolgen hilft: „Wenn du also zum himmlischen Vaterland eilst, wer immer du bist, nimm diese einfache Regel (die dir das Evangelium nahe bringt) als Anfang und erfülle sie mit der Hilfe Christi“ (RB 73,8); und der mir begegnet in meinen Brüdern und Schwestern jeden Tag und in den Kranken, den Gästen und in allen Menschen.

Dieses Leben mit Christus möchte ich etwas näher betrachten und anschaulich zu machen suchen.

Christus ist der Herr, der sich uns wirklich kundtut. So stellt ihn der Prolog der Benediktsregel dar. Dieser Berufungstext ist dialogisch aufgebaut. Christus und der Mönch befinden sich im Gespräch miteinander. Der Herr spricht sein Gegenüber an: *Du* oder *Ihr*, sagt er. Und die so Angesprochenen sollen antworten: *Ich* oder *Wir*. Etwa: „Wer ist der Mensch, der das Leben liebt und gute Tage zu sehen wünscht? Wenn du das hörst und antwortest: ‚Ich‘, dann sagt Gott zu dir: ‚Willst du wahres und unvergängliches Leben, bewahre deine Zunge vor

Bösem und deine Lippen vor falscher Rede! Wende dich ab vom Bösen und tu das Gute; suche den Frieden und jage ihm nach! Wenn ihr das tut, blicken meine Augen auf euch, und meine Ohren hören auf eure Gebete; und noch bevor ihr zu mir ruft, sage ich euch: Seht, ich bin da'" (RB Prol 15–18).

Diese Stimme Christi haben wir, so Benedikt, als „*täglich mahnende und aufrufende*" zu verstehen: „Heute, wenn ihr seine Stimme hört, verhärtet eure Herzen nicht" (RB Prol 9f.). Benedikt geht in einem gläubigen Realismus, der aus dem Hören des Wortes Gottes kommt, davon aus, dass der Herr tatsächlich da ist. Eben darum gilt auch: *Heute*. Wir könnten ebenso sagen: Jetzt, in dieser Stunde oder in dieser Situation, ist der Herr gegenwärtig. „Der Herr blickt immer vom Himmel auf die Menschenkinder" (RB 7,27); „Gott ist auch unserem Denken immer gegenwärtig" (RB 7,14); es gilt sogar: „Bevor ihr zu mir ruft, sage ich euch: Seht, ich bin da" (RB Prol 18).

Benedikt liegt sehr daran, uns dies einzuschärfen; denn auf den gegenwärtigen Christus soll sich unser Glaube richten, von ihm her soll er seine Kraft empfangen. Nehmen wir das ernst, dann verändert sich das ganze Leben. Benedikt greift das bekannte Pauluswort auf: „Alles überwinden wir durch den, der uns geliebt hat" (RB 7,39 = Röm 8,37). Wer diesen Glauben, so mühsam das bisweilen sein kann, täglich einübt und ihn sich aneignet, der wird mit Christus vertraut, dem wird er zum Freund; er kann schließlich mit dem heiligen Augustinus sagen: „Wir haben einen guten Herrn" (Possidius, Vita 27).

Was aber will die Stimme des Herrn bei uns erreichen? Sie ruft uns in eine neue Existenzweise. Am besten läßt sich das mit dem Apostel Paulus sagen: „Nicht mehr ich lebe, sondern Christus lebt in mir" (Gal 2,20). Bis dahin aber ist es ein langer Weg, und darin liegt der Sinn der Benediktsregel; sie will uns dahin führen, dass schließlich nur noch gilt: „Christus über alles" (vgl. RB 5,2). „Wachse, Jesus, wachse in mir, in meinem Geist, in meinem Herzen, in meiner Vorstellung, in meinen Sinnen", hat Pierre Olivaint († 1871) gebetet. So müßte auch unser beständiges Gebet lauten.

Denn es gibt in uns Widerstände gegen diese neue Existenzweise. Benedikt nennt sie zusammenfassend „Trägheit des Ungehorsams" (RB Prol 2) und „Eigenwillen" (RB Prol 3). Man könnte auch sagen, es ist das in uns, was gegen Gott und die Mitmenschen steht. Paulus sagt mit anderen Worten das gleiche, wenn er feststellt: „Keiner von uns lebt sich selber und keiner stirbt sich selber" (Röm 14,7). Damit beschreibt er die Existenz des „Nur für sich", ein Leben, das in sich abgeschlossen ist, nur auf die Befriedigung der eigenen Bedürfnisse aus und ohne Perspektive auf die Ewigkeit. Gott und der Nächste kommen darin nicht vor oder höchstens dem Namen nach. „Trägheit des Ungehorsams" meint bei Benedikt die Gleichgültigkeit Gott und dem Nächsten gegenüber. „Eigenwille" ist für uns ein schwieriger Begriff. Im Gegensatz zum positiven und notwendigen eigenen Willen, der den Menschen im Sinne der Entscheidungsfähigkeit auszeichnet, meint der Eigenwille den Widerwillen gegen Gott und seinen Plan mit uns Menschen, der unser Heil im Blick hat. Benedikt umschreibt das an anderer Stelle einmal klarer: „Man liebt nicht den Eigenwillen und hat deshalb keine Freude daran, seine Wünsche (ohne Rücksicht auf Gottes Willen und den Nächsten) zu erfüllen. Vielmehr folgt man in seinen Taten dem Wort des Herrn, der sagt: ‚Ich bin nicht gekommen, meinen

Willen zu erfüllen, sondern den Willen dessen, der mich gesandt hat'" (RB 7,31f.; Joh 6,38). Hier wird ganz deutlich, dass Absage an den Eigenwillen positiv beinhaltet, sich Christus anzugleichen, der ganz auf den Vater ausgerichtet lebte. Man kann vielleicht sagen, es geht um einen Wechsel im Grundprinzip des Lebens: Nicht mehr ich bestimme, sondern Christus, der in mir lebt. Benedikt macht ganz deutlich, dass ein Leben „für sich" kein wahres Leben ist; im Gegenteil, es führt unweigerlich in den Tod. So lässt er Christus sprechen: „Kommt, ihr Söhne, hört auf mich! ... Lauft, solange ihr das Licht des Lebens habt (das ist Christus selber), damit die Schatten des Todes euch nicht überwältigen" (RB Prol 12f.). Und positiv: „Wer ist der Mensch, der das Leben liebt?" (RB Prol 15); er wird es gewinnen, wenn er sich an Christus hält.

Es gibt zwei ganz tiefe Gründe für das „Christus über alles" (vgl. RB 5,2). Sie liegen in unserer Taufe und bei Ordensleuten auch in der Profess, die in Wahrheit nichts anderes als ein radikales Ernst-Machen mit der Taufe ist, und in der Liebe Christi. Durch Taufe und Profess „gehören wir dem Herrn" (Röm 14,8). Das ist so sehr Tatsache, dass Benedikt im Zusammenhang der Professablegung sagen kann, dass einer „nicht einmal mehr das Verfügungsrecht über den eigenen Leib hat" (RB 58,25).

Der andere Grund ist die Liebe Christi. Benedikt drückt sie dadurch aus, dass er von der Güte des Herrn spricht, ja Christus sogar „pius dominus", den „gütigen Herrn" nennt (RB Prol 20.38; 7,30; 27,8), eine Bezeichnung, die auf die liebende, verständnisvolle, helfende Zuwendung Christi hindeutet. Unvergleichlich schön heißt es: „Was kann beglückender für uns sein, liebe Brüder, als diese Stimme des Herrn, der uns einlädt? Seht, in seiner Güte zeigt uns der Herr den Weg des Lebens“ (RB Prol 20). Ganz persönlich haben wir diese Liebe Christi zu verstehen, wie wiederum Paulus zu erkennen gibt: „Ich lebe im Glauben an den Sohn Gottes, der mich geliebt und sich für mich hingegeben hat“ (Gal 2,20). Es waren solche Worte des Neuen Testaments, welche die Passionsfrömmigkeit dann sagen ließen: Jesus hat mich im Blick gehabt, als er am Kreuz gestorben ist. Er hat das aus Liebe zu mir getan. Jesus wäre auch am Kreuz gestorben, wenn es nur um meine Erlösung gegangen wäre.

Es ist auffallend, dass in der Benediktsregel die Worte „Liebe“ und „lieben“ meistens die Beziehung zwischen Christus und dem Mönch ausdrücken: „Der Liebe zu Christus nichts vorziehen“ (4,21). „In der Liebe Christi für die Feinde beten“ (RB 4,72). Der Gehorsam ist „die Haltung derer, denen die Liebe zu Christus über alles geht“ (RB 5,2). „Aus Liebe zu Gott unterwirft sich der Mönch dem Oberen in vollem Gehorsam“ (RB 7,34). Wenn der Mönch den Weg der Demut bis zu Ende gegangen ist, handelt er nicht mehr aus Furcht, „sondern aus Liebe zu Christus“ (RB 7,69). Den Abt nennt man Herr und Vater „aus Ehrfurcht und Liebe zu Christus“ (RB 63,13). „In Liebe sollen die Mönche Gott fürchten. Christus sollen sie überhaupt nichts vorziehen“ (RB 72,9.11). Diese beeindruckende Auflistung zeigt uns, wie die Liebe Christi uns sozusagen von allen Seiten umgibt und trägt. Durch seine tiefe göttliche Liebe zu uns hat er uns ermöglicht, ja wir dürfen sagen: bittet er uns, dass wir ihn wiederlieben. Darum geht es zutiefst bei einem Leben unter der Benediktsregel, das ist das ganze Programm. Die Frömmigkeitstradition der Herz-Jesu-Verehrung unterstreicht das zentrale Anliegen, dass wir gar nicht anders können, als Jesus wieder zu lieben: „Wer wird nicht den wieder lieben, der ihn so geliebt hat?" (Herz-Jesu-Hymnus). Was aber heißt konkret Christus wieder lieben? Benedikt gibt, wie gesagt, einige Hinweise, etwa: „In der Liebe Christi" – das heißt: aus Liebe zu Christus; weil man Christus liebt – „für die Feinde beten". Da geht es um ein Ernst-Machen mit den Forderungen für ein echtes Christsein nach der Bergpredigt: „Ihr habt gehört, dass gesagt worden ist: Du sollst deinen Nächsten lieben und deinen Feind hassen. Ich aber sage euch: Liebt eure Feinde und betet für die, die euch verfolgen, damit ihr Söhne und Töchter eures Vaters im Himmel werdet; denn er lässt seine Sonne aufgehen über Gerechte und Ungerechte. Wenn ihr nämlich nur die liebt, die euch lieben, welchen Lohn könnt ihr dafür erwarten? Tun das nicht auch die Zöllner? Und wenn ihr nur eure Brüder grüßt, was tut ihr damit Besonderes? Tun das nicht auch die Heiden? Ihr sollt also vollkommen sein, wie es auch euer himmlischer Vater ist" (Mt 5,43–48). Mich hat einmal die Inschrift auf einem Wegkreuz sehr beeindruckt: „Das tat ich für dich. Was tust du für mich?" Es gibt unendlich viele Arten, Jesus wieder zu lieben. Wer sich von seiner Liebe wirklich im Herzen treffen läßt, weiß, was er zu tun hat.

In einem weiteren Schritt möchte ich wenigstens einigermaßen die Tiefen der Benediktsregel im Hinblick auf Christus ausloten. Oben sprach ich von unseren Widerständen gegen das neue Leben in Christus. Aber es gibt gottlob ja nicht nur die Widerstände, sondern auch die Bereitschaft und die volle Zustimmung. Aber auch damit wäre die Beziehung zu Christus, wie sie der heilige Benedikt im Sinn hat, noch nicht erschöpft. Wir haben schon einmal die wunderbare Stelle angeführt, die wir jetzt noch etwas eingehender betrachten wollen: „Was kann für uns beglückender sein, liebe Brüder, als diese Stimme des Herrn, der uns einlädt? Seht, in seiner Güte zeigt uns der Herr den Weg des Lebens" (RB Prol 20).

Was ist das für ein Weg, den Christus uns zeigen will? Die Antwort darauf gibt uns in vollem Sinne nur das Demutskapitel der Regel, in dem es um nichts anderes als um den Weg Christi geht, den mit ihm zusammen zu gehen der Herr selber uns einlädt. Das 7. Kapitel der Regel (über die Demut) führt in die Christusmystik des heiligen Benedikt ein. Hier erfahren wir in besonderer Weise die liebende Nähe des Herrn, weil wir uns aufmachen, ihm konkret nachzufolgen. Wir halten auf den einzelnen Demutsstufen mit ihm Zwiesprache, denn es ist seine Stimme, die in den Worten der Heiligen Schrift zu uns spricht. Nirgendwo sonst in der Regel finden wir die Schriftworte so gehäuft wie im Kapitel über die Demut. Für die einzelnen Etappen dieses „Kreuzweges" gilt: „Alles überwinden wir durch den, der uns geliebt hat" (RB 7,39 = Röm 8,37). Das ist der Weg in die „vollendete Gottesliebe, die alle Furcht vertreibt" (RB 7,67; vgl. 1 Joh 4,18). Hier geht es sicher um das Schwerste in der Nachfolge, aber es ist auch unverzichtbar, diesen Weg zu gehen, wie der Herr selber sagt: „Wer mein Jünger sein will, der verleugne sich selbst, nehme täglich sein Kreuz auf sich und folge mir nach. Denn wer sein Leben retten will, wird es verlieren; wer aber sein Leben um meinetwillen verliert, der wird es retten" (Lk 9,23f.). Wir alle wissen tief in unserem Herzen um diese Notwendigkeit, aber wir haben Angst und scheuen zurück. Christus weiß darum, und so ergeht sein „Lockruf", „die Stimme des Herrn, der uns einlädt" (RB Prol 20). Immer wieder, wenn wir unser Herz nicht verhärten (vgl. RB Prol 10), vernehmen wir diese Stimme, „täglich mahnend und aufrufend“ (RB Prol 9). Mal gelingt es uns, dass wir uns darauf einlassen, und wir folgen dem Herrn ein Stück. Dann verlässt uns wieder die Kraft und wir werden schwach. Aber der Herr lässt uns nicht in Ruhe: „Öffnen wir unsere Augen dem göttlichen Licht, und hören wir mit aufgeschrecktem Ohr, wozu uns die Stimme Gottes täglich mahnt und aufruft: ‚Heute, wenn ihr seine Stimme hört, verhärtet eure Herzen nicht!‘“ (RB Prol 9f.; Ps 95,8). Es liegt eine Tragik darin, dass so viele Christen, auch im Kloster, sich so leicht und mit so wenig zufrieden geben. Die Absicht Christi mit uns ist eine andere. Er will uns das „wahre Leben“ zeigen (RB Prol 17), das aber ohne den Weg der Kreuzesnachfolge nicht zu haben ist. Beeilen wir uns, seiner Stimme zu folgen, damit wir „das unsagbare Glück der Liebe“ verkosten dürfen (vgl. RB Prol 49).

Berufen zur Heiligkeit

Wir sind keine Heiligen, bei diesem Begriff denken wir zunächst an die kanonisierten Heiligen, außergewöhnliche Menschen, die in einem komplizierten Verfahren zur Ehre der Altäre erhoben wurden. Berufen zur Heiligkeit: Ist diese Aussage nicht zu anspruchsvoll und zu unrealistisch? Aber der Blick in die Benediktsregel kann uns nachdenklich machen: „Nicht heilig genannt werden wollen, bevor man es ist, sondern es zuerst sein, um mit Recht so genannt zu werden", lesen wir da (RB 4,62). Das ist einerseits eine ernste Warnung vor einer sogenannten Schein-Existenz. Wir sollen nicht vortäuschen, was gar nicht da ist. Andererseits steckt in diesem Wort aber auch die klare Aufforderung und Mahnung heilig zu werden. Vielleicht kommt uns noch ein anderes Wort in den Sinn, diesmal aus der Bibel selber: „Seid heilig, denn ich, der Herr, euer Gott, bin heilig", heißt es Lev 19,2. Darauf nimmt dann der 1. Petrusbrief Bezug, wenn er sagt: „Wie er, der euch berufen hat, heilig ist, so soll auch euer ganzes Leben heilig werden. Denn es heißt in der Schrift: Seid heilig, denn ich bin heilig" (1 Petr 15f.).

Wenn wir jetzt nicht gleich abwehren, lässt uns etwas in uns aufhorchen. Wir sind ja – vielleicht gibt es Ausnahmen, aber die wären schon Heilige – nicht einverstanden mit unserem Leben, so wie es normalerweise ist. In gewisser Weise haben wir ein tiefes Verlangen, da herauszukommen, anders zu werden, und genau dann unsere Bestimmung von Gott her zu finden. Wir wissen genau: Wenn es uns gelänge, diesen Schritt zu tun, würden wir zu unserem wahren Menschsein gelangen. Bedeutet bei Ordensleuten der Eintritt ins Kloster, die Profess nicht den Versuch, in ein anderes Leben zu gelangen, in Tiefen vorzustoßen, die auszuloten unter normalen Umständen nicht möglich ist?

Es gibt Erlebnisse, da ahnen wir in uns Möglichkeiten, an die wir nie gedacht hätten, da spüren wir eine schöpferische Kraft, die wir nie vermutet hätten. Manchmal ist es so, als ob Gott seine Hand auf uns legen würde – und dann scheint uns alles möglich zu sein!

Gott im Leben spüren, genau darum geht es. Mit ihm wirklich rechnen, der alle Kraft gibt; an ihn glauben, der das Unmögliche möglich macht (vgl. Lk 1,37: „Für Gott ist nichts unmöglich."). Der heilige Mensch ist der, der an Gottes Kraft im eigenen Leben glaubt, an das Wunder der Gnade. Auf dem Weg zur Heiligkeit befindet sich, wer in gläubigem Realismus davon ausgeht, dass Gott mit ihm oder ihr etwas vorhat. Das ist keine Sache von Überheblichkeit und Einbildung. Es ist nichts anderes als Ernst-Machen mit dem, was in der Taufe an uns geschehen ist. Der Apostel Paulus zeigt an vielen Stellen seiner Briefe, dass es dabei nicht um irgendetwas Vages geht, sondern um etwas ganz Konkretes, darum, dass Jesus uns angenommen hat, dass Gott uns in seinem Sohn geliebt hat, dass Christus in uns lebt und wir durch ihn. Eine dieser bekannten Stellen möchte ich hier anführen: „Ihr seid von Gott geliebt, seid seine auserwählten Heiligen. Darum bekleidet euch mit aufrichtigem Erbarmen, mit Güte, Demut, Milde, Geduld! Ertragt euch gegenseitig, und vergebt einander, wenn einer dem andern etwas vorzuwerfen hat. Wie der Herr euch vergeben hat, so vergebt auch ihr!" (Kol 3,12f.). Gerade bei Paulus finden wir ein ganz tiefes Bewusstsein dafür, was christliches Leben in seiner ganzen Größe und Berufung ausmacht. Als du getauft wurdest, will Paulus sagen, hat sich etwas ganz Grundlegendes ereignet, das dein Leben in jeder Beziehung bestimmen will. Für sich ganz persönlich drückt er das so aus: „Nicht mehr ich lebe, sondern Christus lebt in mir. Soweit ich aber jetzt noch in dieser Welt lebe, lebe ich im Glauben an den Sohn Gottes, der mich geliebt und sich für mich hingegeben hat" (Gal 2,20).

Das ist die neue Existenzweise des wirklich gläubigen Christen. Wir spüren, was alles daran hängt, ob wir uns wirklich auf Gott einlassen. Aber wir müssen diesen Gedanken des Handelns Gottes an uns noch etwas weiter ausloten, bevor wir die Konsequenzen unseres Handelns daraus ziehen.

„Wie er, der euch berufen hat, heilig ist, so soll auch euer ganzes Leben heilig werden. Denn es heißt in der Schrift: Seid heilig, denn ich bin heilig", so lesen wir im 1. Petrusbrief (1 Petr 1,15f.). Wir müssen ganz genau hinschauen. Zuerst ist da von Gottes Heiligkeit die Rede. Er ist der „Quell aller Heiligkeit", wie es im 2. Messkanon heißt. In der Bibel wird mit dem Wort „heilig" Gottes innerstes Wesen umschrieben. Es sagt uns wie kein anderes, wer Gott ist und wie er für uns ist. Einerseits kommt dadurch zum Ausdruck, dass Gott der absolut Heilige ist.

Die Berufungsvision des Propheten Jesaja lässt uns das verstehen. Da sieht der Prophet den Herrn „auf einem hohen und erhabenen Thron. Der Saum seines Gewandes füllte den Tempel aus. Serafim standen über ihm. Jeder hatte sechs Flügel: Mit zwei Flügeln bedeckten sie ihr Gesicht, mit zwei bedeckten sie ihre Füße und mit zwei flogen sie. Sie riefen einander zu: Heilig, heilig,

heilig ist der Herr der Heere. Von seiner Herrlichkeit ist die ganze Erde erfüllt. Die Türschwellen bebten bei ihrem lauten Ruf, und der Tempel füllte sich mit Rauch. Da sagte ich: Weh mir, ich bin verloren. Denn ich bin ein Mann mit unreinen Lippen und lebe mitten in einem Volk mit unreinen Lippen, und meine Augen haben den König, den Herrn der Heere, gesehen. Da flog einer der Serafim zu mir. Er trug in seiner Hand eine glühende Kohle, die er mit einer Zange vom Altar genommen hatte. Er berührte damit meinen Mund und sagte: Das hier hat deine Lippen berührt. Deine Schuld ist getilgt, deine Sünde gesühnt. Danach hörte ich die Stimme des Herrn, der sagte: Wen soll ich senden? Wer wird für uns gehen? Ich antwortete: Hier bin ich, sende mich!" (Jes 6,1–8).

Die Stelle zeigt uns gut, was es mit Gottes Heiligkeit auf sich hat. „Du kannst mein Angesicht nicht sehen; denn kein Mensch kann mich sehen und am Leben bleiben", sagt Gott zu Mose (Ex 33,20). Gott übersteigt alles menschliche Fassungsvermögen so sehr, dass der Mensch vergehen, sterben müßte, wenn er Gott wirklich begreifen würde. Das ist das Thema der Mystik. Wir wissen z.B., dass bei Johannes vom Kreuz die Läuterung der „dunklen Nacht" eine wichtige Rolle spielt. Aber das ist nur der eine Aspekt von Gottes Heiligkeit. Der andere heißt Gewährung. Das bedeutet, dass Gott uns Anteil gibt an seiner Heiligkeit, ja an seinem göttlichen Wesen. Das beschreibt wieder einmalig Johannes vom Kreuz. Er versucht auszudrücken, wie Gott sich dem Menschen mitteilt und sagt dann: „Darüber freut sich die Seele, denn von dem Glanz und der Liebe, die sie empfängt, kann sie nun selbst vor ihrem Geliebten erglänzen und ihn lieben" (Lebendige Flamme der Liebe, Erklärung der 3. Strophe, 1).

Wir sind eigentlich immer in Gefahr, Gott falsch zu verstehen, auch in der Aussage: „Seid heilig, denn ich, der Herr, euer Gott, bin heilig“ (Lev 19,2). Das ist eine wirkliche Gefahr, und wenn man ihr erliegt, kann das verheerende Folgen haben. Diese Stelle Lev 19,2 wird in der Bergpredigt aufgegriffen. Dort heißt es: „Ihr sollt also vollkommen sein, wie es auch euer himmlischer Vater ist“ (Mt 5,48). Natürlich ergeht da an uns ein Anspruch, und wir sollen uns Gott entsprechend verhalten und so handeln. Aber das ist sozusagen erst die Außenseite. Es geht noch um viel mehr. Wenn Gottes heiliger Wille an den Menschen ergeht und getan sein will, dann ist darin gerade dem Menschen seine Erfüllung verheißen. „Handle danach, und du wirst *leben*“, sagt Jesus zu dem Gesetzeslehrer (Lk 10,28). Es geht Gott darum, dass der Mensch wirklich „das Leben hat“ (Joh 10,10). Darauf zielt seine Heiligkeit; insofern kann man sagen, dass sie Gewährung ist, da sie den Menschen in das göttliche Leben selber einbezieht. Wer immer nur an das Handeln, die Leistung denkt, geht in verhängnisvoller Weise fehl. Ja die Leistung kann so etwas wie ein Sich-Abschotten vor Gott sein, dass er nicht an uns herankommt. Gott aber genügt unser Wohlverhalten nicht. Dadurch allein geben wir ihm nicht, was er von uns will – und wir werden nicht die, die wir nach seiner Absicht werden sollen. Gott will nicht bloß einen Teil von uns, und unser Handeln ist nur ein Teil. Er will, dass wir ihm ganz gehören. Früher benutzte man dafür den Ausdruck „anhangen“. In älteren Bibelübersetzungen findet sich dieses Wort öfter. Nehmen wir 1 Kor 6,17: „Wer dem Herrn anhängt, ist ein Geist mit ihm.“

Jetzt spüren wir, was gemeint ist: Um das Eins-Sein mit Gott geht es, um die Teilhabe an seiner Gesinnung, die wir uns nicht nehmen können, sondern die er uns gewährt, aus Gnade. Das ist die von Gott geforderte Heiligkeit. Gott schenkt sie uns, er strahlt sie aus, und wir können uns darauf einlassen. Entsprechend sagt Jesus in der Bergpredigt, dass wir dann „Söhne und Töchter des Vaters im Himmel werden" (Mt 5,45). Vielleicht kann man sagen, dass heilig werden bedeutet, der Anziehungskraft des heiligen Gottes folgen? Es ist nicht leicht, von diesen Dingen zu reden. Heinrich Spaemann schreibt einmal, dass das Wort „heilig" schwer definierbar sei, und verweist auf eine alte Oration: „Herr und Gott, du wahres Licht, gib, dass wir in der Tiefe unseres Herzens gläubig erfassen, was heilig ist."

Nachdem diese Zusammenhänge etwas verdeutlicht sind, können wir nun fragen, wie wir unsere Berufung zur Heiligkeit näherhin leben können. Wir haben erkannt, dass diese Frage auf den Kern unseres Christenlebens zielt. Jetzt ist es hilfreich, auf Menschen zu schauen, die sich exemplarisch auf Gott eingelassen und seinem Anspruch in ihrem Leben ohne Vorbehalt Raum gegeben haben. Nach der Regel des heiligen Benedikt sollen wir „mehr und mehr auf Gott zugehen" (RB 62,4).

Dabei denke ich zunächst an einen alten hundertjährigen Mitbruder, der seit einiger Zeit wegen Gebrechlichkeit ganz auf der Krankenstation lebt. Er hat mit den Jahren die Heiterkeit des Herzens erlangt und ist immer froh und zufrieden. Hart für ihn, der in seinem Leben immer kontaktfreudig war, ist, dass er infolge seiner starken Schwerhörigkeit ziemlich auf sich gestellt ist. Der Krankenbruder sieht ihn öfter, wie er still da sitzt und unverwandt auf das Kreuz schaut. In einer solchen Situation fragte er ihn einmal: „Was ist, Bruder N.?", und bekam zur Antwort: „Ich will ganz dem Herrn gehören." Eine wunderbare Aussage, die ein hohes Maß an Gottverbundenheit offenbart. Ich kann mir lebhaft vorstellen, dass diese Gottverbundenheit ein Prozess ist, das heißt, sie ist nicht einfach auf einmal da. Sie ist die Frucht eines Lebens im Blick auf den Herrn.

Wie aber kommen wir da hin? Papst Gregor schildert den Beginn des geistlichen Weges des heiligen Benedikt im zweiten Buch seiner Dialoge, eine Passage, an die ich bei dieser Frage gern denke. Dort heißt es: „Benedikt stammte aus einem angesehenen Geschlecht in der Gegend von Nursia. Zu Ausbildung und Studium wurde er nach Rom geschickt. Dabei sah er viele in die Abgründe des Lasters fallen. Deshalb zog er den Fuß, den er gleichsam auf die Schwelle zur Welt gesetzt hatte, wieder zurück, damit nicht auch er von ihrer Lebensart angesteckt werde und so schließlich ganz in bodenlose Tiefe stürze. Er wandte sich also vom Studium der Wissenschaften ab und verließ das Haus und die Güter seines Vaters. Gott allein wollte er gefallen, deshalb begehrte er das Gewand gottgeweihten Lebens" (Dial. II, Prol. 1).

Wenn man einmal von der Sprache absieht, ist dieser Bericht ganz aktuell und modern. Da ist ein junger Mensch, der einen klaren Blick hat, der seine Beobachtungen und Erfahrungen macht, darüber nachdenkt und eine Entscheidung trifft. Er wirkt ganz normal wie viele andere seines Alters auch. Aber in einem unterscheidet er sich: Er ist nicht zufrieden mit dem Leben, das er führt. Ich würde sagen, das ist der Beginn eines heiligen Lebens. So normal ist das. Benedikt geht auf Gott ein. Er erkennt, dass Berufung zur Heiligkeit zuerst bedeutet, dass Gott am Menschen etwas tun will. Wir können zur Verdeutlichung die Geschichte vom reichen Mann anschauen (Mk 10,17–22). Da macht Gott dem Menschen ein Angebot. „Jesus schaute ihn an und gewann ihn lieb", heißt es da. Der Mann seinerseits hatte die Anziehungkraft gespürt, die von Jesus ausging: „Er lief auf ihn zu, fiel vor ihm auf die Knie und sagte: Guter Meister!" Er ist auch mit seinem Leben unzufrieden wie der junge Benedikt. Aber er scheut die Konsequenzen, und so lässt er sich nicht ein. Benedikt dagegen lässt sich berufen. Sein ganzes weiteres Leben steht unter dieser Entscheidung: „Gott allein wollte er gefallen." Diese Entscheidung gibt seinem Leben dann die notwendige Dynamik. Man kann beim heiligen Benedikt von einer Unruhe zu Gott sprechen, die erst gestillt wird, als er beim Sterben im Oratorium „auf seine Brüder gestützt, die Hände zum Himmel erhoben, unter Worten des Gebetes seinen Geist aushaucht" (Dial. II,37,2).

Der heilige Benedikt ist sozusagen eine bewusstmachende Gestalt. An ihm sehen wir, was auch in uns vorgeht und auf Verwirklichung drängt. In seiner Christusliebe ist er dem heiligen Paulus ähnlich, der sagt: „Für mich ist Christus das Leben" (Phil 1,21). In der Benediktsregel sind es vor allem folgende Stellen, die zeigen, wie Benedikt in Jesus Christus die Form christlichen Lebens sieht: Prol. 3: „Christus, dem Herrn und wahren König, dienen"; 4,21: „Der Liebe zu Christus nichts vorziehen"; 5,2: „Nichts höher schätzen als Christus"; 72,11: „Christus überhaupt nichts vorziehen." Paulus sagt einmal, dass Christus in ihm lebt (Gal 2,20). Das gilt für jeden Christen aufgrund der Taufe. Es ist etwas allen Christen Gemeinsames und doch auch wieder etwas ganz Persönliches. Er ist eben der „Christus in mir". Er ist mein „Lebensprinzip", das heißt er hat mein ganzes Leben ergriffen, um sich darin auszudrücken. Er will in meinem

Leben mit seinen individuellen Lebensumständen und Lebensverhältnissen zur Erscheinung kommen. Paulus sagt einmal, dass wir „die Herrlichkeit des Herrn widerspiegeln" und „in sein eigenes Bild verwandelt werden" (2 Kor 3,18). Anders ausgedrückt ist unsere Heiligkeit das Werk des Christus in uns. In jedem Mensch wirkt sich das anders aus. Therese von Lisieux drückt das sehr schön aus, wenn sie schreibt: „Ich wünsche, Deinen Willen vollkommen zu erfüllen und zu der Stufe der Heiligkeit zu gelangen, die Du mir in Deinem Reich bereitet hast."

Die Berufung zur Heiligkeit verwirklicht sich oft sehr unscheinbar. Papst Johannes Paul II. spricht im Schreiben *Vita Consecrata* (1996) von den asketischen Mitteln auf dem Weg zur Heiligkeit (Nr. 38). Dieser Sachverhalt ist uns in den letzten Jahrzehnten ziemlich aus dem Blick geraten. Der Papst nennt sie „eine wirksame Hilfe", und ich glaube, er hat recht. Heilig werden wir nicht von selbst. Wir müssen die Mittel dazu ergreifen. Die Formulierungen des betreffenden Abschnitts erinnern in mancher Beziehung an die Benediktsregel, etwa wenn da von der „Annahme des geistlichen Kampfes" die Rede ist und gesagt wird, dass wir „asketischen Eifer" brauchen, „um das Herz weit zu machen und für die Annahme des Herrn sowie der Brüder und Schwestern zu öffnen". Wir sollten diesen Hinweis nicht unterschätzen. Benedikt spricht davon, dass wir die Werkzeuge der geistlichen Kunst „Tag und Nacht unaufhörlich gebrauchen" sollen (RB 4,75f.), was in dieselbe Richtung geht. Dass Heiligkeit und Askese zusammengehören, bezeugt einmütig die gesamte Tradition der christlichen Spiritualität von der Bibel angefangen bis heute. In älteren asketischen Büchern findet sich der Begriff der Selbstheiligung. Damit soll das Bemühen um ein – wie man gerne sagte – Gott wohlgefälliges Leben ausgedrückt werden. Zu unserem Christsein gehört auch die gute Sorge um das eigene Leben, wie es vor Gott ist und sich seinem Anspruch stellt. Zu Abraham sprach Gott: „Ich bin Gott, der Allmächtige. Geh deinen Weg vor mir, und sei rechtschaffen!“ (Gen 17,1). Paulus ermahnt uns, dass wir uns selbst „als lebendiges und heiliges Opfer darbringen“ sollen, „das Gott gefällt“ (Röm 12,1).

Der Papst macht in diesem Schreiben an die Ordensleute noch auf einen weiteren Aspekt der Berufung zur Heiligkeit aufmerksam, wenn er schreibt: „Die Tatsache, dass wir alle aufgerufen sind, heilig zu werden, muss jene in höherem Maße anspornen, die auf Grund ihrer Lebensentscheidung die Sendung haben, die anderen daran zu erinnern“ (Nr. 39). Ordensleute haben eine besondere Verantwortung. Mit ihrem Leben, ihrem persönlichen Streben nach Heiligkeit sollen sie in der Kirche so etwas wie ein Erinnerungszeichen sein und verdeutlichen, was für alle Christen gilt. Diese prophetische Dimension des Ordenslebens wird in der Benediktsvita des öfteren ausgedrückt. So heißt es von ihm, dass Gott „das Leben Benedikts den Menschen als Beispiel vor Augen führen wollte. Wie ein Licht sollte er auf den Leuchter gestellt werden, hell brennen und allen im Haus leuchten“ (Dial. II,1,6). Immer wieder zeigt Gregor, wie das Leben Benedikts für andere wertvoll ist. Das ist der Gedanke der evangelischen Fruchtbarkeit. „In dem Maße, in dem sie ihre Freundschaft mit Gott vertiefen“, schreibt der Papst, „werden die Ordensleute hilfreich für ihre Mitmenschen, für deren geistlichen Fortschritt“ (Nr. 39). Gerade heute ist das eine besonders wichtige Aufgabe der Klöster.

Zum Abschluss unserer Überlegungen möchte ich unbedingt noch auf etwas hinweisen, das, wie ich meine, unbedingt zur christlichen Heiligkeit gehört. Unsere Berufung zur Heiligkeit verträgt sich nicht mit Durchschnittlichkeit. Ich meine das so: Die Tatsache, dass Christus in uns lebt, verlangt immer nach einem Mehr. Die Benediktsregel drückt es aus mit dem Begriff der Gottsuche oder auch mit der Aussage, dass man „mehr und mehr zu Gott voranschreiten" soll (RB 62,4). In der Aussage Benedikts: „ob er wirklich Gott sucht" (RB 58,7), steckt doch auch: ob er nichts anderes als Gott sucht, das „Gott allein genügt" der Teresa von Avila. Die wichtigen Personen der christlichen Tradition zeigen das allesamt, jede auf ihre Weise. In der Entscheidung für das Ordensleben steckt doch gerade dieses „Gott-allein-gefallen-Wollen", wie es vom jungen Benedikt ausgesagt wird. Ich frage mich oft, ob die Müdigkeit, ja die Gottesmüdigkeit nicht vor allem damit zusammenhängt, dass wir, wie Paulus sagt, „geteilt" sind (1 Kor 7,33)? Sicher geht es uns um Gott. Aber geht es uns auch um ihn allein? Das ist die Gewissensfrage. Und sind wir bereit, uns von Gott auch weiter führen zu lassen, immer tiefer zur Umgestaltung in Christus hin? In der Benediktsregel ist es vor allem das Kapitel über die Demut, das von dieser äußersten Herausforderung Gottes handelt. Es ist sozusagen ein sicherer Kompass zur Heiligkeit.

Leben mit dem Tod

In seinem Sonnengesang nennt der heilige Franziskus von Assisi (1182–1226) den Tod „unseren Bruder“: „Sei gepriesen, mein Herr, durch unseren Bruder, den leiblichen Tod; ihm kann kein Mensch lebend entrinnen. Weh jenen, die in schwerer Sünde sterben. Selig jene, die sich in deinem allheiligen Willen finden, denn der zweite Tod wird ihnen kein Leid antun“ (^{8}1984, 295).

Franziskus macht hier einen Unterschied zwischen dem „Bruder Tod“ und dem „zweiten Tod“. Bruder Tod bringt das Leben, das wahre, ewige, glückselige Leben bei Gott. Deshalb können wir ihm ohne Angst entgegensehen. Er kann sogar willkommen sein wie ein lieber Verwandter, auf dessen Ankunft wir warten. Den zweiten Tod dagegen müssen wir fürchten. Er bringt beim Gericht des Jüngsten Tages den Ausschluss von der ewigen Gemeinschaft mit Gott und seinen Heiligen. Die Sorge, in schwerer Sünde zu sterben – das heißt ohne zu bereuen und ohne die vergebende Liebe Gottes anzunehmen –, ergibt sich aus der Kenntnis der Heiligen Schrift, wo es beispielsweise heißt: „Wer nicht liebt, bleibt im Tod. Jeder, der seinen Bruder hasst, ist ein Mörder, und ihr wisst: Kein Mörder hat ewiges Leben, das in ihm bleibt“ (1 Joh 3,14f.). Jesus selber spricht verschiedentlich vom „Feuer der Hölle“ (Mt 5,22.29 u.a.) und sagt beispielsweise: „Weiter ist es mit dem Himmelreich wie mit einem Netz, das man ins Meer warf, um Fische aller Art zu fangen. Als es voll war, zogen es die Fischer wieder ans Ufer; sie setzten sich, lasen die guten Fische aus und legten sie in Körbe, die schlechten aber warfen sie weg. So wird es auch am Ende der Welt sein: Die Engel werden kommen und die Bösen von den Gerechten trennen und in den Ofen werfen, in dem das Feuer brennt. Dort werden sie heulen und mit den Zähnen knirschen" (Mt 13,47–50). Ähnliches sagt er im Gleichnis vom Weltgericht: „Weg von mir, ihr Verfluchten, in das ewige Feuer, das für den Teufel und seine Engel bestimmt ist!" (Mt 25,41).

In früheren Zeiten lebten die Menschen wie selbstverständlich mit diesen biblischen Wahrheiten. Sicher, es gab die Angst vor dem Gericht, vor Fegfeuer und Hölle. Wahrscheinlich wurden auch in Verkündigung und Seelsorge bei diesem Thema Fehler gemacht. Doch Tatsache ist, dass der Mensch sich der Wirklichkeit des Todes bei aller physischen Angst, die damit zusammenhängen kann, besser stellen konnte als das heute der Fall ist. Zu bedenken ist auch, dass die Pädagogik früher eine andere war. Der heilige Benedikt etwa kennt die Furcht vor der ewigen Strafe, der Hölle, als Motivation zu einem guten christlichen Leben, möchte freilich aber, dass sie mehr und mehr der Liebe zu Christus weicht und dass daraus gute Gewohnheit und Freude an der Tugend wird (vgl. RB Prol 5–7; 7,68f.). Der Gedanke an das Gericht Gottes dagegen wird gerade den sensiblen Christen immer wieder beschäftigen, da er um Gottes Anspruch und um das eigene Ungenügen weiß. Aber hier verbindet sich der Gerichtsgedanke mit der Hoffnung: „Wir werden unser Herz in seiner Gegenwart beruhigen. Denn wenn das Herz uns auch verurteilt – Gott ist größer als unser Herz, und er weiß alles" (1 Joh 3,19f.).

„Wenn kein Mensch dem leiblichen Tod lebend entrinnen kann", und wenn jeder Mensch mit absoluter Sicherheit um sein eigenes Sterben-Müssen weiß, kommt er nicht daran vorbei, sich dem zu stellen. Wenn er seinen Tod verdrängt, bezieht er dadurch auch Stellung. Er läuft dann allerdings Gefahr, „dass der Tag des Herrn kommt wie ein Dieb in der Nacht“ (1 Thess 5,2). Unser christlicher Glaube aber gibt uns die Sicherheit, dass wir mit dem Tod auf das eigentliche Leben zugehen. Ein frühchristlicher Märtyrer, der heilige Ignatius von Antiochien († ca. 110) sagte: „Dort angekommen, werde ich wirklich Mensch sein.“ (An die Kirche der Römer, VI). Durch Christi Tod und Auferstehung ist es uns möglich, den Tod positiv zu sehen, wie einen „Bruder“, der uns hilft zu Gott zu kommen.

In unserer Zeit ist der reale Glaube an die Auferstehung und das ewige Leben im Schwinden begriffen. Doch die Auferstehung bildet den Kern unseres Glaubens, so sehr, dass der Apostel Paulus sagen kann: „Wenn es keine Auferstehung der Toten gibt, ist auch Christus nicht auferweckt worden. Ist aber Christus nicht auferweckt worden, dann ist unsere Verkündigung leer und euer Glaube sinnlos“ (1 Kor 15,13f.). Unser Glaube an Auferstehung und ewiges Leben hängt an der Auferstehung Jesu Christi. Denn er ist nicht für sich selbst gestorben und auferstanden, sondern für uns. Mit seiner Auferstehung hat auch unsere Auferstehung begonnen. Die Auferstehung gehört so sehr zu Jesus, dass er sagt: „*Ich bin* die Auferstehung und das Leben. Wer an mich glaubt, wird leben, auch wenn er stirbt, und jeder, der lebt und an mich glaubt, wird auf ewig nicht sterben“ (Joh 11,25). Jesus, der Sohn Gottes, der selber das Leben ist, will alle, die an ihn glauben, am Geschenk des Lebens teilhaben lassen: „Ich bin gekommen, damit sie das Leben haben und es in Fülle haben“ (Joh 10,10).

Das Leben, das Jesus den Menschen schenken will, ist

nicht nur dieses irdische, das doch wieder vergänglich ist. Wer an Jesus glaubt und mit ihm Gemeinschaft hat, der „hat in ihm das ewige Leben“ (Joh 3,15). Das ewige Leben aber ist das Leben Gottes selbst.

Die Art und Weise, wie die Bibel über das ewige Leben spricht, hat etwas Verheißungsvolles und zugleich Verhüllendes. Denn in ihm kommt die Ursehnsucht des Menschen zur Erfüllung. Paulus spricht davon im Römerbrief. Er schreibt, „dass die gesamte Schöpfung bis zum heutigen Tag seufzt und in Geburtswehen liegt“. Sie wartet sehnsüchtig und voll Hoffnung auf das Offenbarwerden der Kinder Gottes, wenn sie von den Toten auferstehen (vgl. Röm 8,19–24). Wie unser neues Leben bei Gott sein wird, wissen wir nicht. Der Apostel erklärt, dass es jede menschliche Vorstellung übersteigt: „Was kein Auge gesehen und kein Ohr gehört hat, was keinem Menschen in den Sinn gekommen ist: das Große, das Gott denen bereitet hat, die ihn lieben“ (1 Kor 2,9). Vielleicht ist das Wort „lieben“ ein Hinweis? Gottes Wesen ist Liebe (vgl. 1 Joh 4,16), und seine Absicht mit uns ist, uns ganz und gar zu Liebenden zu machen. Aus purer Liebe hat Gott uns geschaffen. Sein unwiderruflicher Wunsch durch unsere ganze dramatische Menschheitsgeschichte hindurch ist, uns mit sich zu vereinigen, damit er uns und wir ihn ewig lieben.

In diesem Sinn hat der Bischof Johann Michael Sailer (1751–1832) gebetet:

„Jesus,
an dich glaube ich,
bis ich dich sehe.
Auf dich hoffe ich,
bis ich daheim bin bei dir.

Dich liebe ich,
bis ich dein Angesicht schaue
und im Schauen dich ewig liebe."

Wenn wir all das bedenken, erkennen wir den Sinn des christlichen Todes. Er ist, wie ein altes Wort sagt, die „Tür zum Leben". Ein weiterer wichtiger Aspekt klingt des öfteren an im Johannesevangelium. Das ewige Leben, das uns verheißen ist, hat für uns mit der Auferstehung Jesu bereits begonnen. Mit diesem unserem irdischen Leben rühren wir bereits an die Ewigkeit. Jesus sagt uns: „Wer mein Wort hört und dem glaubt, der mich gesandt hat, *hat* das ewige Leben; er kommt nicht ins Gericht, sondern ist aus dem Tod ins Leben hinübergegangen" (Joh 5,24).

Paulus umschreibt diese Verheißung mit anderen Worten und knüpft eine Mahnung daran, wie wir aufgrund dieser Tatsache leben sollen: „Mit Christus wurdet ihr in der Taufe begraben, mit ihm auch auferweckt, durch den Glauben an die Kraft Gottes, der ihn von den Toten auferweckt hat ... Ihr seid mit Christus auferweckt; darum strebt nach dem, was im Himmel ist, wo Christus zur Rechten Gottes sitzt. Richtet euren Sinn auf das Himmlische und nicht auf das Irdische! Denn ihr seid gestorben, und euer Leben ist mit Christus verborgen in Gott. Wenn Christus, unser Leben, offenbar wird, dann werdet auch ihr mit ihm offenbar werden in Herrlichkeit. Darum tötet, was irdisch an euch ist: die Unzucht, die Schamlosigkeit, die Leidenschaft, die bösen Begierden und die Habsucht, die ein Götzendienst ist. All das zieht den Zorn Gottes nach sich. Früher seid auch ihr darin gefangen gewesen und habt euer Leben davon beherrschen lassen. Jetzt aber sollt ihr das alles ablegen: Zorn, Wut und Bosheit; auch Lästerungen und Zoten sollen nicht mehr über eure Lippen kommen. Belügt einander nicht; denn ihr habt den alten Menschen mit seinen Taten abgelegt und seid zu einem neuen Menschen geworden“ (Kol 2,12;3,1–10).

Durch unsere Taufe gehören wir zu Christus und haben infolgedessen schon jetzt in diesem Leben Anteil an seinem Auferstehungsleben. Nie werde ich die letzten Worte einer alten Frau vergessen, an deren Sterbebett ich saß: „Ich bin so froh mit meinem Glauben.“ Glauben bedeutet die Gewissheit, dass ich in Gottes Herrlichkeit ewig leben werde.

Die Mahnung, die Paulus an sein Wort von unserer Auferweckung mit Christus knüpft, führt uns nach diesen mehr grundsätzlichen Überlegungen zur Praxis. Wir fragen uns: Wie leben wir unseren Glauben an die Auferstehung und das ewige Leben?

An erster Stelle müssen wir sagen: Gelebter Glaube hat mit bewusster Zustimmung zu tun. Er entspringt nicht unseren menschlichen Wünschen und Vorstellungen, sondern bedeutet unser Ja zu dem, was Gott selber uns zu glauben vorlegt.

Das Evangelium erzählt beim Bericht über den Tod des Freundes Jesu, Lazarus, den er von den Toten auferweckte, von der Begegnung Jesu mit Marta. Das Gespräch zwischen den beiden spitzt sich dann folgendermaßen zu: „Marta sagte zu Jesus: Herr, wärst du hier gewesen, dann wäre mein Bruder nicht gestorben. Aber auch jetzt weiß ich: Alles, worum du Gott bittest, wird Gott dir geben. Jesus sagte zu ihr: Dein Bruder wird auferstehen. Marta sagte zu ihm: Ich weiß, dass er auferstehen wird bei der Auferstehung am Letzten Tag. Jesus erwiderte ihr: Ich bin die Auferstehung und das Leben.

Wer an mich glaubt, wird leben, auch wenn er stirbt, und jeder, der lebt und an mich glaubt, wird auf ewig nicht sterben. Glaubst du das? Marta antwortete ihm: Ja, Herr, ich glaube, dass du der Messias bist, der in die Welt kommen soll" (Joh 11,21–27).

Im Glauben vertrauen wir uns Gott an, und das bedeutet in unserem Zusammenhang, dem Wort Jesu Glauben schenken, dass ich leben werde und mit mir alle, die ich liebe. Das ist die Wahrheit, die uns das Evangelium verkündet. Jesus sagt heute zu mir: Wenn du glaubst, wirst du leben!

Dieser Glaube verändert wirklich und nachhaltig unser Leben. Er nimmt uns die Angst, ins Nichts zu fallen und gibt uns die Zuversicht, in allem bei Gott geborgen zu sein.

Zum Glauben kommt die Hoffnung. Die Bibel spricht davon, dass wir „durch die Auferstehung Jesu Christi von den Toten eine lebendige Hoffnung haben" (1 Petr 1,3). Diese Hoffnung erstreckt sich nicht nur auf die Zukunft. Sie erfüllt uns auch mit Kraft für die Gegenwart, weil sie „lebendige Hoffnung" ist, von Gott uns gegebene Lebensenergie.

Schließlich ist die Liebe zu nennen; denn der Glaube an Auferstehung und ewiges Leben besagt, dass alle Taten der Liebe, der Zuneigung, der Freundschaft und Hilfsbereitschaft ewig sind. Sie werden „aufbewahrt" für das endgültige Leben bei Gott.

In Glaube, Hoffnung und Liebe wachsen wir Menschen über uns hinaus. In ihnen überwinden wir die Grenzen, die dieses irdische Leben uns setzt, und rühren gleichsam an Gottes Ewigkeit.

Versuchen wir aber, noch konkreter zu werden. Um den eigenen Tod zu wissen und mit ihm wie mit einem

„Bruder“ zu leben, heißt auf sein Leben achten und es mit Verantwortung führen, weil Gott einst darüber Rechenschaft verlangen wird. Hier gibt uns nun die Benediktsregel einige wertvolle Hinweise.

Sie äußert sich an einigen Stellen sehr konkret zum Thema Sterben und Tod. Von grundsätzlicher Art sind folgende Mahnungen:

„Den Tag des Gerichtes fürchten.
Vor der Hölle erschrecken.
Das ewige Leben mit allem geistlichen Verlangen ersehnen.
Den unberechenbaren Tod täglich vor Augen haben.
Das eigene Tun und Lassen jederzeit überwachen.
Fest überzeugt sein, dass Gott überall auf uns schaut.
Böse Gedanken, die sich in unser Herz einschleichen, sofort an Christus zerschmettern
und dem geistlichen Vater offenbaren.“
(RB 4,44–50)

Diese Empfehlung ist konsequent aufgebaut. Sie ist für uns von ungewohntem Ernst, aber man muss sagen, dass dieser Ernst im Evangelium selber gründet. Letzten Endes steht dahinter eine tiefe Einsicht in den hohen Wert unseres menschlichen Lebens. Es ist zu kostbar, als dass wir es oberflächlich zubringen dürften. Gott hat es uns anvertraut. Benedikt gebraucht in diesem Zusammenhang einmal den schönen Ausdruck, dass Gott uns seine Gaben geschenkt hat und dass er selber „Gutes in uns wirkt“ (RB Prol 6). Die größte dieser Gaben ist unsere Gotteskindschaft, die es zu bewahren und zu entfalten gilt. Sie verheißt jedem Menschen ungeahnte Möglichkeiten. Wichtig ist hierbei, dass wir von einer rein menschlichen Betrachtungsweise abkommen. Ein

Leben wird gut und „stimmig", wenn ein Mensch die ihm verliehenen Gaben annimmt, ohne sie zu bewerten oder mit denen anderer zu vergleichen. „Bei Gott gibt es nicht groß und klein, bei ihm gibt es nur das Richtige", hat der Dichter Adalbert Stifter einmal geschrieben.

An erster Stelle wird nun die Tatsache des Gerichtes genannt. Dann werden die beiden Möglichkeiten genannt, die uns durch das Gericht eröffnet werden: Hölle, das heißt auf ewig getrennt sein von der Liebe Gottes, und ewiges Leben, das heißt nie endende Gemeinschaft mit Gott.

Die Formulierung: *„Das ewige Leben mit allem geistlichen Verlangen ersehnen"*, ist stark. Sie lässt an das Wirken des Geistes in uns denken, der uns die Sehnsucht nach Gott eingibt. Der bereits erwähnte heilige Ignatius von Antochien gebraucht ein wunderbares Bildwort, um sein Verlangen nach dem Tod im Martyrium auszudrücken: „In mir ist lebendiges Wasser, das mir zumurmelt: Komm zum Vater!" (An die Kirche der Römer, VII)

In diesem Zusammenhang ist dann auch die Mahnung zu sehen, *„den unberechenbaren Tod täglich vor Augen zu haben"* (RB 4,47). Benedikt nennt den Tod unberechenbar. Wir wissen, dass er kommt, aber nicht, wann er kommt. Darum ist es notwendig, sich mit ihm vertraut zu machen. Wir sollen ihn täglich vor Augen haben. Aber es geht Benedikt um mehr als nur um das Denken an den Tod. Wichtiger ist ihm die Fülle des Lebens, die der Herr schenkt, wenn er uns im Tod ruft und wir zu ihm gehen. Der Gedanke des Todes hilft, das Leben ganz auf den kommenden Christus auszurichten.

Dazu gehört, *„das eigene Tun und Lassen jederzeit zu überwachen"*. Im Schuldbekenntnis am Beginn der Messe und vor dem Stundengebet der Komplet bekennen wir vor

Gott, dass wir „Gutes unterlassen und Böses getan" haben. Diese regelmäßige Gewissenserforschung ist sehr nützlich, denn sie hilft uns, „auf unser Leben zu achten", wie Benedikt sich einmal ausdrückt (RB 49,2), um auf Christus hin unterwegs zu bleiben. Dazu gehören eine gesunde Selbstkritik und die Bereitschaft, sich nach Maßgabe des Evangeliums selber zu korrigieren bzw. auch korrigieren zu lassen.

Unser Leben sollen wir bewusst unter den Augen Gottes führen: *„Fest überzeugt sein, dass Gott überall auf uns schaut".* Die Benediktsregel hat ein lebendiges Gespür für die Gegenwart Gottes und dafür, dass Gott auf uns Menschen sieht. Gott ist der nahe und gegenwärtige Gott. Dass er auf uns schaut, bedeutet, dass er auf unser Leben achtet. Dies mag, je nach Situation, verschieden empfunden werden. Wenn wir nicht gut handeln, erfahren wir den Blick Gottes eher als prüfend, vielleicht sogar als richtend. Ein Blick in die Bibel bestätigt uns, dass dieses Empfinden richtig ist: „Der Herr blickt herab vom Himmel, er sieht auf alle Menschen. Von seinem Thronsitz schaut er nieder auf alle Bewohner der Erde. Der ihre Herzen gebildet hat, er achtet auf all ihre Taten" (Ps 33,13–15). Die Bibel sagt uns aber auch an vielen Stellen, dass Gott immer mit dem Blick der Zuwendung und Liebe auf uns schaut, wie Eltern auf ihr Kind. Benedikt greift dies auf und formuliert entsprechend: „Willst du wahres und ewiges Leben, bewahre deine Zunge vor Bösem und deine Lippen vor falscher Rede! Wende dich ab vom Bösen und tu das Gute; suche den Frieden und jage ihm nach! Wenn ihr das tut, blicken meine Augen auf euch, und meine Ohren hören auf eure Gebete; und noch bevor ihr zu mir ruft, sage ich euch: Seht, ich bin da" (RB Prol 17f.).

Unser Tun und Lassen, ja unser ganzes Leben hat, wenn wir es unter dem Gesichtspunkt des Todes betrachten, etwas Endgültiges. So gesehen, entscheiden wir durch unser Leben hier auf Erden darüber, wie unser ewiges Leben einmal sein wird.

Schließlich werden wir noch ermahnt, über „*böse Gedanken*“ zu wachen, „*die sich in unser Herz einschleichen*“. Auch das ist echt biblisch. Jesus selber erklärt, dass „von innen, aus dem Herzen der Menschen, die bösen Gedanken kommen: Unzucht, Diebstahl, Mord, Ehebruch, Habgier, Bosheit, Hinterlist, Ausschweifung, Neid, Verleumdung, Hochmut und Unvernunft“ (Mk 7,21f.). Damit ist keineswegs gemeint, dass jede spontane negative Regung in uns schon Sünde ist. Aber sie kann zur Sünde werden, wenn wir uns ihr überlassen und nicht entschieden Widerstand leisten. Hier geht es um das reine Herz, das allein Gott schauen darf, wie es in der Bergpredigt heißt (vgl. Mt 5,8). Die Sorge, unser Leben verantwortungsvoll vor Gott zu führen, ist also ganz umfassend. Christus ist der erste, dem wir uns anvertrauen und von dem wir Hilfe erwarten dürfen. Er hat bei seiner Versuchung in der Wüste selber erfahren, was Anfechtung des Bösen bedeutet. Der Rat, sich „*einem geistlichen Vater zu eröffnen*“, ist sehr weise. Denn ein offenes geistliches Gespräch bringt Erleichterung; manches kann darin aufgrund von Erfahrung erklärt und zurechtgerückt werden. Ein tröstendes, aufmunterndes Wort kann sehr aufbauend wirken.

Dass wir Menschen in unserem Leben unausweichlich mit dem Tod konfrontiert sind, legt nahe, sich damit auseinanderzusetzen, dass unser irdisches Leben auf eine ganz bestimmte Zeitspanne begrenzt ist, die im Tod ihren Abschluss findet. Benedikt spricht in seiner

Regel von dieser jedem zugemessenen Lebensfrist. Nachdem er von Christus gesprochen hat, der „uns in seiner Güte“ durch das Evangelium „den Weg des Lebens zeigt“ (RB Prol 20), heißt es: „Nach all diesen Worten erwartet der Herr, dass wir jeden Tag auf seine heiligen Mahnungen mit unserem Tun antworten. Deshalb sind uns die Tage dieses Lebens als Frist gewährt, damit wir uns von unseren Fehlern bessern, wie der Apostel sagt: ‚Weißt du nicht, dass Gottes Geduld dich zur Umkehr führt?‘ Denn in seiner Güte sagt der Herr: ‚Ich will nicht den Tod des Sünders, sondern dass er umkehrt und lebt‘“ (RB Prol 35–38. Röm 2,4; Ez 33,11). Und dann heißt es noch einmal ganz eindringlich: „Noch ist es Zeit, noch sind wir in diesem Leib, noch lässt das Licht des Lebens uns Zeit, all das zu erfüllen. Jetzt müssen wir laufen und tun, was uns für die Ewigkeit nützt“ (RB Prol 43f.).

Hier geht es zunächst darum, das Leben wirklich zu nutzen und im Sinne Gottes etwas daraus zu machen. Hierzu gehört die Fähigkeit, welche die Alten das Unterscheidungsvermögen nannten. Das ist die Fähigkeit, Gutes und Böses, Wesentliches und Unwesentliches, Vorläufiges und Endgültiges zu unterscheiden. Mit einer Abwertung dieser Welt und all dessen, was sie uns positiv bietet, hat das nichts zu tun. Hier geht es vielmehr darum, einen Maßstab zu haben, der es uns ermöglicht, mit den Dingen dieser Welt so zu leben, dass sie uns einerseits hilfreich sind und andererseits den Blick auf die Ewigkeit nicht verstellen. In diesem Sinn ist die Mahnung des Apostels Paulus zu verstehen: „Richtet euren Sinn auf das Himmlische, nicht auf das Irdische!“ (Kol 3,2).

Zweitens ist der Gedanke wichtig, dass wir hier auf Erden nicht endlos Zeit haben: „Noch ist es Zeit, noch sind wir in diesem Leib“, sagt Benedikt. Darin liegt etwas Drängendes. Jeder Tag kann der letzte sein. Kann ich dann sagen, dass ich die mir zugemessene Lebenszeit genutzt habe? Allerdings verbindet Benedikt mit dem Gedanken, dass es höchste Zeit sei, den Hinweis auf Gottes Güte und Geduld, mit der er zuwartet, dass wir unser Leben ändern. Das ist tröstlich und gibt Mut.

Schließen wir unsere Betrachtung über den Tod aber nicht, ohne einen Hinweis auf die Kraft des Gebetes. Benedikt spricht zwar entschieden vom Handeln, das nötig ist, damit man „in Gottes Zelt wohnen“ darf: „Wir müssen unser Herz und unseren Leib zum Kampf rüsten, um den göttlichen Weisungen gehorchen zu können.“ Aber er weiß auch um die Grenzen allen menschlichen Könnens. So fügt er hinzu: „Für alles, was uns von Natur aus kaum möglich ist, sollen wir die Gnade und Hilfe des Herrn erbitten“ (RB Prol 39–41).

Für den vertrauten Umgang mit „Bruder Tod“ ist nichts nützlicher, als das beständige Gebet. Es richtet unseren Blick aus auf das Ziel unseres Lebens, auf Gott, der uns im Tod endgültig begegnen und sich mit uns für immer vereinigen will.

Literaturverzeichnis

Auswahl

Ambrosius, Expositio de psalmo CXVIII. CSEL 62 (1913).

Athanasius, Vita Antonii. Hrsg. u. mit einer Einl. versehen v. Adolf Gottfried. Übers. v. Heinrich Przybyla. 1. Aufl. Leipzig 1986.

Augustinus, De civitate Dei. CChr.SL 47–48 (1955).

Augustinus, Der Gottesstaat. In deutscher Sprache von Carl Johann Perl. (= Deutsche Augustinusausgabe, 1). Paderborn 1981.

Augustinus, Confessiones. CChr.SL 27 (1981).

Augustinus, Confessiones/Bekenntnisse. Lateinisch u. Deutsch. Eingel., übers. und erl. von Joseph Bernhart. 3. Aufl. München 1966.

Augustinus, Enarrationes in Psalmos, CChr.SL 38–40 (1954–1956).

Augustinus, Die Auslegung der Psalmen. Hrsg. u. übert. v. Hartmut Weber (= Deutsche Augustinusausgabe, 3.3a). Paderborn 1964.

Balthasar, Hans Urs von, Die johanneischen Themen in der Regel des Hl. Benedikt und ihre Aktualität, in: Monastische Informationen Nr. 0 (1975).

Barbier, Germain, An Gott Gefallen finden. Betrachtungen im Geist des heiligen Benedikt. München–Zürich–Wien 1979.

Basili Regula a Rufino latine versa. CSEL 86 (1986).

Basilius von Caesarea, Die Mönchsregeln. Hinf. und Übers. von Karl Suso Frank. St. Ottilien 1981.

Benedicti Regula. CSEL 75 (1977).

Die Benediktsregel. Eine Anleitung zu christlichem Leben. Der vollständige Text der Regel lateinisch-deutsch. Übers. u. erklärt von Georg Holzherr. 4. Aufl. Zürich–Einsiedeln–Köln 1993.
Die Benediktusregel lateinisch/deutsch. Hrsg. im Auftrag der Salzburger Äbtekonferenz. 2. Aufl. Beuron 1996.
Die Schriften des hl. Franziskus von Assisi. Einf., Übers. und Erläuterung von Lothar Hardick und Engelbert Grau. 8. verb. Auflage (= Franziskanische Quellenschriften, 1). Werl 1984.
Frühes Mönchtum im Abendland. Eingel., übers. u. erkl. von Karl Suso Frank. 2. Band: Lebensgeschichten (Martin von Tours, Gallus). Zürich-München 1975.
Gregor der Große, Der hl. Benedikt. Buch II der Dialoge. Lateinisch/Deutsch. Hrsg. im Auftrag der Salzburger Äbtekonferenz. St. Ottilien 1995.
Guareschi, Giovanni, Don Camillo und Peppone. Salzburg 1950.
Der., Don Camillo und seine Herde. Salzburg 1953.
Die Briefe des hl. Ignatius von Antiochien. Aus dem Griech. übers. und eingel. von Ludwig A. Winterswyl, 3. Aufl. Freiburg i. Br. 1942.
Johannes Cassianus, Conlationes, SC 42; 45; 64 (1955; 1958; 1959); BKV 1/68
Johannes Cassianus, De institutis coenobiorum, SC 109 (1965); BKV 1/59
Johannes Cassian, Gott suchen, sich selbst erkennen. Einweisung in das christliche Leben. Ausgew., übertr. und eingel. von Gertrude und Thomas Sartory. Freiburg i. Br.–Basel–Wien 1993.
Johannes vom Kreuz, Lebendige Flamme der Liebe. Hrsg. und neu übers. von Erika Lorenz. München 1995.

Johannes Paul II., Apostolisches Schreiben „Orientale lumen“ (1995).
Ders. Nachsynodales Apostolisches Schreiben „Vita Consecrata“ (1996)
Die Magisterregel. Einf. und Übers. von Karl Suso Frank. St. Ottilien 1989.
Petrus Damiani, Vita Romualdi, Migne PL 144,953–1008.
Die Regeln der Väter. Vorbenediktinische lateinische Regeltradition. Übers. und erl. von Michaela Puzicha (=Münsterschwarzacher Studien; 40). Münsterschwarzach 1990.
Roger Schutz, Warten auf das Ereignis Gottes. Aktualisierung der Regel von Taizé. Freiburg i. Br. 1970.
Lockruf des Hirten. Teresa von Avila erzählt ihr Leben. Hrsg., übert. u. eingel. von Erika Lorenz. München 1999.
Tertullian, Apologeticum. CChr.SL 1 (1954); BKV 2/24.
Therese vom Kinde Jesu, Selbstbiographische Schriften. Authentischer Text. Ins Dt. übertrg. von Otto Iserland und Cornelia Capol. Einsiedeln 1958.

Der Benediktinerorden

Christian Schütz/
Philippa Rath
Der Benediktinerorden
Topos Taschenbuch 506
256 S. Kartoniert.
ISBN 3-7867-2399-0

Für Benedikt von Nursia ist das ganze Leben des Menschen eine Suche nach Gott. Ein Weg dorthin ist für ihn das Leben in Gemeinschaft, in Gebet und Arbeit. Die Klöster der Benediktinerinnen und Benediktiner sind so verschieden wie die Menschen selbst. Doch alle leben nach einer Regel, die 1500 Jahre alt, aber aktueller denn je ist. In diesem Band erhält man Einblick in die Spiritualität und Geschichte des monastischen Lebens sowie über Erfahrungen auf dem Weg der Gottsuche und erfährt beispielhaft Aspekte benediktinischer Sendung heute.

www.gruenewaldverlag.de